AUSGEWÄHLTE QUELLENSTELLEN

ZUR ERLÄUTERUNG

DES

RÖMISCHEN PRIVATRECHTS.

ZUSAMMENGESTELLT

VON

B. KÜBLER.

BERLIN 1905.

DRUCK VON GEORG REIMER.

I. Allgemeine Lehren.

1. l. 32, 1 Dig. de legib. 1, 3.

Iulianus libro LXXXIIII digestorum Inveterata consuetudo pro lege non immerito custoditur, et hoc est ius quod dicitur moribus constitutum. nam cum ipsae leges nulla alia ex causa nos teneant, quam quod iudicio populi receptae sunt, merito et ea, quae sine ullo scripto populus probavit, tenebunt omnes: nam quid interest suffragio populus voluntatem suam declaret an rebus ipsis et factis? quare rectissime etiam illud receptum est, ut leges non solum suffragio legis latoris, sed etiam tacito consensu omnium per desuetudinem abrogentur.

2. § 9 Inst. de iur. nat. 1, 2.

Ex non scripto ius venit, quod usus comprobavit. nam diuturni mores consensu utentium comprobati legem imitantur.

3. l. 33 Dig. de legib. 1, 3.

Ulpianus libro primo de officio proconsulis Diuturna consuetudo pro iure et lege in his quae non ex scripto descendunt observari solet.

4. l. 39 Dig. de legib. 1, 3.

Celsus libro XXIII digestorum Quod non ratione introductum, sed errore primum, deinde consuetudine optentum est, in aliis similibus non optinet.

5. Epistula Severi et Caracallae ad Tyranos. a. 201 (*C. I. L.* III 781. *Bruns Fontes*[6] p. 246).

Quamquam Tyranorum civitas originem dati beneficii non ostendat, nec facile quae per errorem aut licentiam usurpata sunt, praescriptione temporis confirmentur, tamen, quoniam divi Antonini parentis nostri litteras sed et fratrum imperatorum cogitamus, item Antonii Hiberi gravissimi praesidis, quod attinet ad ipsos Tyranos quique ab iis secundum leges eorum in numerum civium adsumpti sunt, ex pristino more nihil mutari volumus.

6. c. 2 Cod. quae sit long. cons. 8, 52.

Imp. Constantinus A. ad Proculum (a. 319) Consuetudinis ususque longaevi non vilis auctoritas est, verum non usque adeo sui valitura momento, ut aut rationem vincat aut legem.

7. l. 38 Dig. de legib. 1, 3.

Callistratus libro I quaestionum Nam imperator noster Severus rescripsit in ambiguitatibus quae ex legibus proficiscuntur consuetudinem aut rerum perpetuo similiter iudicatarum auctoritatem vim legis optinere debere.

8. l. 4 Dig. de const. princ. 1, 4.

Modestinus libro secundo excusationum Αἱ μεταγενέστεραι διατάξεις ἰσχυρότεραι τῶν πρὸ αὐτῶν εἰσίν.

9. l. 7 Dig. de legib. 1, 3.

Modestinus libro I regularum Legis virtus haec est imperare vetare permittere punire.

10. l. 29 Dig. de legib. 1, 3.

Paulus libro singulari ad legem Cinciam Contra legem facit, qui id facit quod lex prohibet, in fraudem vero, qui salvis verbis legis sententiam eius circumvenit.

11. l. 38 Dig. de pactis 2, 14.

Papinianus libro secundo quaestionum Ius publicum privatorum pactis mutari non potest.

12. l. 16 Dig. de legib. 1, 3.

Paulus libro singulari de iure singulari Ius singulare est, quod contra tenorem rationis propter aliquam utilitatem auctoritate constituentium introductum est.

13. l. 14 Dig. de legib. 1, 3.

Paulus libro LIIII ad edictum Quod vero contra rationem iuris receptum est, non est producendum ad consequentias.

14. cap. 24 X de privileg. 5, 33.

Ut privilegia, quae quibusdam religiosis Romana concessit ecclesia, permaneant inconcussa, quaedam in eisdem duximus declaranda, ne minus sane intellecta pertrahantur ad abusum, propter quem possint merito revocari, quia privilegium meretur amittere qui permissa sibi abutitur potestate.

15. l. 17 Dig. de legib. 1, 3.

Celsus libro XXVI digestorum Scire leges non hoc est verba earum tenere, sed vim ac potestatem.

16. l. 24 Dig. de legib. 1, 3.

Celsus libro VIIII digestorum Incivile est nisi tota lege perspecta una aliqua particula eius proposita iudicare vel respondere.

17. c. 6 Cod. de legib. 1, 14.

Impp. Theodosius (II.) et Valentinianus (III.) AA. Florentio pp. (a. 439) Quod favore quorundam constitutum est, quibusdam casibus ad laesionem eorum nolumus inventum videri.

18. c. 7 Cod. de legib. 1, 14.

Idem AA. Cyro pp. et consuli designato (a. 440) Leges et constitutiones futuris certum est dare formam negotiis, non ad facta praeterita revocari, nisi nominatim etiam de praeterito tempore adhuc pendentibus negotiis cautum sit.

19. c. 7, 1 Cod. de incolis 10, 40.

Impp. Diocletianus et Maximianus AA. Aurelio Et in eodem loco singulos habere domicilium non ambigitur, ubi quis larem rerumque ac fortunarum suarum summam constituit, unde rursus non sit discessurus, si nihil avocet, unde cum profectus est, peregrinari videtur, quo si rediit, peregrinari iam destitit.

20. l. 27, 2 Dig. de municip. 50, 1.

Ulpianus libro secundo ad edictum Celsus libro primo digestorum tractat, si quis instructus sit duobus locis aequaliter neque hic quam illic minus frequenter commoretur: ubi domicilium habeat, ex destinatione animi esse accipiendum. ego dubito, si utrubique destinato sit animo, an possit quis duobus locis domicilium habere. et verum est habere, licet difficile est: quemadmodum difficile est sine domicilio esse quemquam. puto autem et hoc procedere posse, si quis domicilio relicto naviget vel iter faciat quaerens quo se conferat atque ubi constituat: nam hunc puto sine domicilio esse.

21. l. 23, 1 Dig. de municip. 50, 1.

Hermogenianus libro primo iuris epitomarum Miles ibi domicilium habere videtur, ubi meret, si nihil in patria possideat.

22. l. 38, 3 Dig. de municip. 50, 1.

Papirius Iustus libro secundo de constitutionibus Item rescripserunt mulierem, quamdiu nupta est, incolam eiusdem civitatis videri, cuius maritus eius est, et ibi, unde originem trahit, non cogi muneribus fungi.

23. l. 6, 2 Dig. de municip. 50, 1.

Ulpianus libro secundo opinionum Viris prudentibus placuit duobus locis posse aliquem habere domicilium, si utrubique ita se instruxit, ut non ideo minus apud alteros se collocasse videatur.

24. l. 49 Dig. de verb. signif. 50, 16.

Ulpianus libro quinguagensimo nono ad edictum in bonis autem nostris computari sciendum est non solum, quae dominii nostri sunt, sed et si bona fide a nobis possideantur vel superficiaria sint. aeque bonis adnumerabitur etiam, si quid est in actionibus petitionibus persecutionibus: nam hac omnia in bonis esse videntur.

25. l. 11 Dig. de iure fisci 49, 14.

Iavolenus libro nono epistularum Non possunt ulla bona ad fiscum pertinere, nisi quae creditoribus superfutura sunt: id enim bonorum cuiusque esse intellegitur, quod aeri alieno superest.

26. l. 39, 1 Dig. de verb. signif. 50, 16.

Paulus libro quinguagensimo tertio ad edictum 'Bona' intelleguntur cuiusque, quae deducto aere alieno supersunt.

27. l. 3 pr. Dig. de bon. poss. 37, 1.

Ulpianus libro trigesimo nono ad edictum Bona autem hic, ut plerumque solemus dicere, ita accipienda sunt universitatis cuiusque successionem, qua succeditur in ius demortui suscipiturque eius rei commodum et incommodum: nam sive solvendo sunt bona sive non sunt, sive damnum habent sive lucrum, sive in corporibus sunt sive in actionibus, in hoc loco proprie bona appellabuntur.

28. l. 51 Dig. de obl. et act. 44, 7.

Celsus libro tertio digestorum Nihil aliud est actio, quam ius quod sibi debeatur iudicio persequendi.

29. c. 3, 1 Cod. de post. hered. 6, 29.

Imp. Iustinianus A. Iuliano pp. (a. 530) Veteres animi turbati sunt, quid de paterno elogio statuendum sit. cumque Sabiniani existimabant, si vivus natus est, etsi vocem non emisit, ruptum testamentum, apparet, quod, etsi mutus fuerat, hoc ipsum faciebat, eorum etiam nos laudamus sententiam et sancimus, si vivus perfecte natus est, licet ilico postquam in terram cecidit vel in manibus obstetricis decessit, nihilo minus testamentum corrumpi, hoc tantummodo requirendo, si vivus ad orbem totus processit ad nullum declinans monstrum vel prodigium.

30. l. 9, 1 Dig. ad leg. Falc. 35, 2.

Papinianus libro nono decimo quaestionum Circa ventrem ancillae nulla temporis admissa distinctio est nec immerito, quia partus nondum editus homo non recte fuisse dicitur.

31. l. 12 pr. Dig. de lib. et post. 28, 2.

Ulpianus libro nono ad Sabinum Quod dicitur filium natum rumpere testamentum, natum accipe et si exsecto ventre editus sit: nam et hic rumpit testamentum, scilicet si nascatur in potestate.

32. l. 12 Dig. de statu hom. 1, 5.

Paulus libro nono decimo responsorum Septimo mense nasci perfectum partum iam receptum est propter auctoritatem doctissimi viri Hippocratis: et ideo credendum est eum, qui ex iustis nuptiis septimo mense natus est, iustum filium esse.

33. l. 14 Dig. de statu hom. 1, 5.

Paulus libro quarto sententiarum Non sunt liberi, qui contra formam humani generis converso more procreantur: veluti si mulier monstrosum aliquid aut prodigiosum enixa sit. partus autem, qui membrorum humanorum officia ampliavit, aliquatenus videtur effectus et ideo inter liberos connumerabitur.

34. l. 6 Dig. de suis et legit. hered. 38, 16.

Iulianus libro quinquagensimo nono digestorum Titius exheredato filio extraneum heredem sub condicione instituit: quaesitum est, si post mortem patris pendente condicione filius uxorem duxisset et filium procreasset et decessisset, deinde condicio instituti heredis defecisset, an ad hunc postumum nepotem legitima hereditas avi pertineret. respondit: qui post mortem avi sui concipitur, is neque legitimam hereditatem eius tamquam suus heres neque bonorum possessionem tamquam cognatus accipere potest, quia lex duodecim tabularum eum vocat ad hereditatem, qui moriente eo, de cuius bonis quaeritur, in rerum natura fuerit,

35. l. 7 Dig. de suis et legit. hered. 38, 16.

Celsus libro vicensimo octavo digestorum vel si vivo eo conceptus est, quia conceptus quodammodo in rerum natura esse existimatur.

36. l. 231 Dig. de verb. signif. 50, 16.

Paulus libro singulari ad senatus consultum Tertullianum Quod dicimus eum, qui nasci speratur, pro superstite esse, tunc verum est, cum de ipsius iure quaeritur: aliis autem non prodest nisi natus.

37. l. 10 Dig. de statu hom. 1, 5.

Ulpianus libro primo ad Sabinum Quaeritur: hermaphroditum cui comparamus? et magis puto eius sexus aestimandum, qui in eo praevalet.

38. Ulpianus lib. sing. reg. 11, 28.

Puberem Cassiani quidem eum esse dicunt, qui habitu corporis pubes apparet, id est qui generare possit: Proculeiani autem eum, qui quattuordecim annos explevit. verum Priscus eum puberem esse, in quem utrumque concurrit et habitus corporis et numerus annorum.

39. l. 1, 2 Dig. de admin. et peric. tut. 26, 7.

Ulpianus libro trigesimo quinto ad edictum Sufficit tutoribus ad plenam defensionem, sive ipsi iudicium suscipiant sive pupillus ipsis auctoribus, nec cogendi sunt tutores cavere, ut defensores solent. licentia igitur erit, utrum malint ipsi suscipere iudicium an pupillum exhibere, ut ipsis auctoribus iudicium suscipiatur: ita tamen, ut pro his, qui fari non possunt vel absint, ipsi tutores iudicium suscipiant, pro his autem, qui supra septimum annum aetatis sunt et praesto fuerint, auctoritatem praestent.

40. c. 3. Cod. de in int. rest. min. 2, 21.

Impp. Diocletianus et Maximianus AA. et CC. Attiano (a. 293) Si curatorem habens minor quinque et viginti annis post pupillarem aetatem res venum dedisti, hunc contractum servari non oportet, cum non absimilis ei habeatur minor curatorem habens, cui a praetore curatore dato bonis interdictum est. si vero sine curatore constitutus contractum fecisti, implorare in integrum restitutionem, si necdum tempora praefinita excesserint, causa cognita non prohiberis.

41. l. 5, 2 Dig. ad leg. Aquil. 9, 2.

Ulpianus libro octavo decimo ad edictum Et ideo quaerimus, si furiosus damnum dederit, an legis Aquiliae actio sit? et Pegasus negavit: quae enim in eo culpa sit, cum suae mentis non sit? et hoc est verissimum. cessabit igitur Aquiliae actio, quemadmodum, si quadrupes damnum dederit, Aquilia cessat, aut si tegula ceciderit. sed et si infans damnum dederit, idem erit dicendum. quodsi inpubes id fecerit, Labeo ait, quia furti tenetur, teneri et Aquilia eum: et hoc puto verum, si sit iam iniuriae capax.

42. l. 1 pr. Dig. de curat. fur. 27, 10.

Ulpianus libro primo ad Sabinum Lege duodecim tabularum prodigo interdicitur bonorum suorum administratio, quod moribus quidem ab initio introductum est. sed solent hodie praetores vel praesides, si talem hominem invenerint, qui neque tempus neque finem expensarum habet, sed bona sua dilacerando et dissipando profudit, curatorem ei dare exemplo furiosi: et tamdiu erunt ambo in curatione, quamdiu vel furiosus sanitatem vel ille sanos mores receperit: quod si evenerit, ipso iure desinunt esse in potestate curatorum.

43. l. 5, 1 Dig. de var. et extraord. cogn. 50, 13.

Callistratus libro primo de cognitionibus Existimatio est dignitatis inlaesae status, legibus ac moribus comprobatus, qui ex delicto nostro auctoritate legum aut minuitur aut consumitur.

44. XII tab. 8, 22 Schoell *(ex Gellii noctibus Atticis XV 13, 11).*

Qui se sierit testarier libripensve fuerit, ni testimonium fatiatur, inprobus intestabilisque esto.

45. l. 4, 3 Dig. de in ius voc. 2, 4.

Ulpianus libro quinto ad edictum Parentes etiam eos accipi Labeo existimat, qui in servitute susceperunt: nec tamen, ut Severus dicebat, ad solos iustos liberos: sed et si vulgo quaesitus sit filius, matrem in ius non vocabit,

46. l. 5 Dig. de in ius voc. 2, 4.

Paulus libro quarto ad edictum quia semper certa est, etiam si vulgo conceperit: pater vero is est, quem nuptiae demonstrant.

47. § 12 Inst. de nuptiis 1, 10.

Si adversus ea quae diximus aliqui coierint, nec vir nec uxor nec nuptiae nec matrimonium nec dos intellegitur. itaque ii, qui ex eo coitu nascuntur, in potestate patris non sunt, sed tales sunt, quantum ad patriam potestatem pertinet, quales sunt ii, quos mater vulgo concepit. nam nec hi patrem habere intelleguntur, cum is etiam incertus est: unde solent filii spurii appellari, vel a Graeca voce quasi σποράδην concepti vel quasi sine patre filii. sequitur ergo, ut et dissoluto tali coitu nec dotis exactioni locus sit. qui autem prohibitas nuptias coeunt, et alias poenas patiuntur, quae sacris constitutionibus continentur.

48. l. 23 Dig. de statu hom. 1, 5.

Modestinus libro primo pandectarum Vulgo concepti dicuntur qui patrem demonstrare non possunt, vel qui possunt quidem, sed eum habent, quem habere non licet. qui et spurii apellantur παρὰ τὴν σποράν.

49. l. 6 Dig. de his qui sui vel al. iur. sunt 1, 6.

Ulpianus libro nono ad Sabinum Filium eum definimus, qui ex viro et uxore eius nascitur. sed si fingamus afuisse maritum verbi gratia per decennium, reversum anniculum invenisse in domo sua, placet nobis Iuliani sententia hunc non esse mariti filium. non tamen ferendum Iulianus ait eum, qui cum uxore sua adsidue moratus nolit filium adgnoscere quasi non suum. sed mihi videtur, quod et Scaevola probat, si constet maritum aliquamdiu cum uxore non concubuisse infirmitate interveniente vel alia causa, vel si ea valetudine pater familias fuit ut generare non possit, hunc, qui in domo natus est, licet vicinis scientibus, filium non esse.

50. l. 3, 11—12 Dig. de suis et leg. hered. 38, 16.

Ulpianus libro quarto decimo ad Sabinum Post decem menses mortis natus non admittetur ad legitimam hereditatem. De eo autem, qui centensimo octogensimo secundo die natus est, Hippocrates scripsit et divus Pius pontificibus rescripsit iusto tempore videri natum, nec videri in servitutem conceptum, cum mater ipsius ante centensimum octogensimum secundum diem esset manumissa.

51. l. 1, 1 Dig. quod cuiusc. univers. nom. 3, 4.

Gaius libro tertio ad edictum provinciale Quibus autem permissum est corpus habere collegii societatis sive cuiusque alterius eorum nomine, proprium est ad exemplum rei publicae habere res communes, arcam communem et actorem sive syndicum, per quem tamquam in re publica, quod communiter agi fierique oporteat, agatur fiat.

52. l. 22 Dig. de fideiuss. 46, 1.

Florentinus libro octavo institutionum Mortuo reo promittendi et ante aditam hereditatem fideiussor accipi potest, quia hereditas personae vice fungitur, sicuti municipium et decuria et societas.

53. l. 76 Dig. de iudiciis 5, 1.

Alfenus libro sexto digestorum. Proponebatur ex his iudicibus, qui in eandem rem dati essent, nonnullos causa audita excusatos esse inque eorum locum alios esse sumptos, et quaerebatur, singulorum iudicum mutatio eandem rem an aliud iudicium fecisset. respondi, non modo si unus aut alter, sed et si omnes iudices mutati essent, tamen et rem eandem et iudicium idem quod antea fuisset permanere: neque in hoc solum evenire, ut partibus commutatis eadem res esse existimaretur, sed et in multis ceteris rebus: nam et legionem eandem haberi, ex qua multi decessissent, quorum in locum alii subiecti essent: et populum eundem hoc tempore putari qui abhinc centum annis fuissent, cum ex illis nemo nunc viveret: itemque navem, si adeo saepe refecta esset, ut nulla tabula eadem permaneret, quae non nova fuisset, nihilo minus eandem navem esse existimari. quod si quis putaret partibus commutatis aliam rem fieri, fore ut ex eius ratione nos ipsi non idem essemus, qui abhinc anno fuissemus, propterea quod, ut philosophi dicerent, ex quibus particulis minimis consisteremus, hae cottidie ex nostro corpore decederent aliaeque extrinsecus in earum locum accederent. quapropter cuius rei species eadem consisteret, rem quoque eandem esse existimari.

54. l. 7, 2 Dig. quod cuiusc. univers. nom. 3, 4.

Ulpianus libro decimo ad edictum In decurionibus vel aliis universitatibus nihil refert, utrum omnes idem maneant an pars maneat vel omnes immutati sint. sed si universitas ad unum redit, magis admittitur posse eum convenire et conveniri, cum ius omnium in unum recciderit et stet nomen universitatis.

55. l. 6, 1 Dig. de divis. rer. 1, 8.

Marcianus libro tertio institutionum Universitatis sunt, non singulorum veluti quae in civitatibus sunt theatra et stadia et similia et si qua alia sunt communia civitatium. ideoque nec servus communis civitatis singulorum pro parte intellegitur, sed universitatis et ideo tam contra civem quam pro eo posse servum civitatis torqueri divi fratres rescripserunt. ideo et libertus civitatis non habet necesse veniam edicti petere, si vocet in ius aliquem ex civibus.

56. l. 7, 1 Dig. quod cuiusc. univers. nom. 3, 4.

Ulpianus libro decimo ad edictum Si quid universitati debetur, singulis non debetur: nec quod debet universitas singuli debent.

57. l. 4 Dig. de coll. et corp. 47, 22.

Gaius libro quarto ad legem duodecim tabularum Sodales sunt, qui eiusdem collegii sunt: quam Graeci ἑταιρείαν vocant. his autem potestatem facit lex pactionem quam velint sibi ferre, dum ne quid ex publica lege corrumpant. sed haec lex videtur ex lege Solonis tralata esse. nam illuc ita est: ἐὰν δὲ δῆμος ἢ φράτορες ἢ ἱερῶν ὀργίων † ἢ ναῦται ἢ σύσσιτοι ἢ ὁμόταφοι ἢ θιασῶται ἢ ἐπὶ λείαν οἰχόμενοι ἢ εἰς ἐμπορίαν, ὅτι ἂν τούτων διαθῶνται πρὸς ἀλλήλους, κύριον εἶναι, ἐὰν μὴ ἀπαγορεύσῃ δημόσια γράμματα.

58. l. 3, 1 Dig. de coll. et corp. 47, 22.

Marcianus libro secundo iudiciorum publicorum In summa autem, nisi ex senatus consulti auctoritate vel Caesaris collegium vel quodcumque tale corpus coierit, contra senatus consultum et mandata et constitutiones collegium celebrat.

59. l. 20 Dig. de reb. dub. 34, 5.

Paulus libro duodecimo ad Plautium Cum senatus temporibus divi Marci permiserit collegiis legare, nulla dubitatio est, quod, si corpori cui licet coire legatum sit, debeatur: cui autem non licet si legetur, non valebit, nisi singulis legetur: hi enim non quasi collegium, sed quasi certi homines admittentur ad legatum.

60. l. 85 Dig. de verb. signif. 50, 16.

Marcellus libro primo digestorum Neratius Priscus tres facere existimat 'collegium', et hoc magis sequendum est.

61. Ulpianus lib. sing. reg. 24, 28.

Civitatibus omnibus, quae sub imperio populi Romani sunt, legari potest: idque a divo Nerva introductum, postea a senatu auctore Hadriano diligentius constitutum est.

62. c. 8 Cod. de hered. instit. 6, 24.

Impp. Diocletianus et Maximianus AA. Hadriano (a. 290) Collegium si nullo speciali privilegio subnixum sit, hereditatem capere non posse dubium non est.

63. l. 15, 1 Dig. de dolo 4, 3.

Ulpianus libro undecimo ad edictum Sed an in municipes de dolo detur actio, dubitatur. et puto ex suo quidem dolo non posse dari: quid enim municipes dolo facere possunt? sed si quid ad eos pervenit ex dolo eorum, qui res eorum administrant, puto dandam. de dolo autem decurionum in ipsos decuriones dabitur de dolo actio.

64. l. 2 Dig. de adq. vel amitt. poss. 41, 2.

Ulpianus libro septuagensimo ad edictum Sed hoc iure utimur, ut et possidere et usucapere municipes possint idque eis et per servum et per liberam personam adquiratur.

65. l. 30 pr. Dig. de usurp. et usuc. 41, 3.

Pomponius libro trigensimo ad Sabinum Rerum mixtura facta an usucapionem cuiusque praecedentem interrumpit, quaeritur. tria autem genera sunt corporum, unum, quod continetur uno spiritu et Graece ἡνωμένον vocatur, ut homo tignum lapis et similia: alterum, quod ex contingentibus, hoc est pluribus inter se cohaerentibus constat, quod συνημμένον vocatur, ut aedificium navis armarium: tertium, quod ex distantibus constat, ut corpora plura non soluta, sed uni nomini subiecta, veluti populus legio grex. primum genus usucapione quaestionem non habet, secundum et tertium habet.

66. l. 40 Dig. de peculio 15, 1.

Marcianus libro quinto regularum Peculium nascitur crescit decrescit moritur, et ideo eleganter Papirius Fronto dicebat peculium simile esse homini. Quomodo autem peculium nascitur, quaesitum est. et ita veteres distinguunt, si id adquisiit servus quod dominus necesse non habet praestare, id esse peculium, si vero tunicas aut aliquid simile quod ei dominus necesse habet praestare, non esse peculium. ita igitur nascitur peculium: crescit, cum auctum fuerit: decrescit, cum servi vicarii moriuntur, res intercidunt: moritur, cum ademptum sit.

67. l. 2, 1 Dig. de reb. cred. 12, 1.

Paulus libro vicensimo octavo ad edictum Mutui datio consistit in his rebus, quae pondere numero mensura consistunt, quoniam eorum datione possumus in creditum ire, quia in genere suo functionem recipiunt per solutionem quam specie: nam in ceteris rebus ideo in creditum ire non possumus, quia aliud pro alio invito creditori solvi non potest.

68. l. 5 Dig. de stipul. serv. 45, 3.

Ulpianus libro quadragensimo octavo ad Sabinum Servus communis sic omnium est non quasi singulorum totus, sed pro partibus utique indivisis, ut intellectu magis partes habeant quam corpore: et ideo si quid stipulatur vel quaqua alia ratione adquirit, omnibus adquirit pro parte, qua dominium in eo habent. licet autem ei et nominatim alicui ex dominis stipulari vel traditam rem accipere, ut ei soli adquirat. sed si non nominatim domino stipuletur, sed iussu unius dominorum, hoc iure utimur, ut soli ei adquirat, cuius iussu stipulatus est.

69. l. 25, 1 Dig. de verb. signif. 50, 16.

Paulus libro vicensimo primo ad edictum Quintus Mucius ait partis appellatione rem pro indiviso significari: nam quod pro diviso nostrum sit, id non partem, sed totum esse. Servius non ineleganter partis appellatione utrumque significari.

70. l. 13, 31 Dig. de act. empti vend. 19, 1.

Ulpianus libro trigesimo secundo ad edictum Aedibus distractis vel legatis ea esse aedium solemus dicere, quae quasi pars aedium vel propter aedes habentur, ut puta putealia.

71. l. 17, 7 Dig. de act. empti vend. 19, 1.

Ulpianus libro trigesimo secundo ad edictum Labeo generaliter scribit ea, quae perpetui usus causa in aedificiis sunt, aedificii esse, quae vero ad praesens, non esse aedificii: ut puta fistulae temporis quidem causa positae non sunt aedium, verum tamen si perpetuo fuerint positae, aedium sunt.

72. l. 17, 10 Dig. de act. empti vend. 19, 1.

Ulpianus libro trigesimo secundo ad edictum Ea, quae ex aedificio detracta sunt ut reponantur, aedificii sunt: at quae parata sunt ut imponantur, non sunt aedificii.

73. § 1 Inst. de rer. divis. 2, 1.

Et quidem naturali iure communia sunt omnium haec: aer et aqua profluens et mare et per hoc litora maris. nemo igitur ad litus maris accedere prohibetur, dum tamen villis et monumentis et aedificiis abstineat, quia non sunt iuris gentium, sicut et mare.

74. § 5 Inst. de rer. divis. 2, 1.

Litorum quoque usus publicus iuris gentium est, sicut ipsius maris: et ob id quibuslibet liberum est casam ibi imponere, in qua se recipiant, sicut retia siccare et ex mare deducere. proprietas autem eorum potest intellegi nullius esse, sed eiusdem iuris esse, cuius et mare et quae subiacent mari, terra vel harena.

75. l. 6 pr. Dig. de divis. rer. 1, 8.

Marcianus libro tertio institutionum in tantum, ut et soli domini constituantur qui ibi aedificant, sed quamdiu aedificium manet: alioquin aedificio dilapso quasi iure postliminii revertitur locus in pristinam causam, et si alius in eodem loco aedificaverit, eius fiet.

76. l. 3 pr. Dig. ne quid in loco publ. 43, 8.

Celsus libro trigensimo nono digestorum Litora, in quae populus Romanus imperium habet, populi Romani esse arbitror.

77. l. 1, 3 Dig. de flumin. 43, 12.

Ulpianus libro sexagensimo octavo ad edictum Fluminum quaedam publica sunt, quaedam non. publicum flumen esse Cassius definit, quod perenne sit: haec sententia Cassii, quam et Celsus probat, videtur esse probabilis.

78. l. 30, 3 Dig. de acq. rer. dom. 41, 1.

Pomponius libro trigensimo quarto ad Sabinum Alluvio agrum restituit eum, quem impetus fluminis totum abstulit. itaque si ager, qui inter viam publicam et flumen fuit, inundatione fluminis occupatus esset, sive paulatim occupatus est sive non paulatim, sed eodem impetu recessu fluminis restitutus, ad pristinum dominum pertinet: flumina enim censitorum vice funguntur, ut ex privato in publicum addicant et ex publico in privatum: itaque sicuti hic fundus, cum alveus fluminis factus esset, fuisset publicus, ita nunc privatus eius esse debet, cuius antea fuit.

79. l. 1 pr. Dig. de divis. rer. 1, 8.

Gaius libro secundo institutionum Summa rerum divisio in duos articulos deducitur: nam aliae sunt divini iuris, aliae humani. divini iuris sunt veluti res sacrae et religiosae. sanctae quoque res, veluti muri et portae, quodammodo divini iuris sunt. quod autem divini iuris est, id nullius in bonis est: id vero, quod humani iuris est, plerumque alicuius in bonis est, potest autem et nullius in bonis esse: nam res hereditariae, antequam aliquis heres existat, nullius in bonis sunt. hae autem res, quae humani iuris sunt, aut publicae sunt aut privatae. quae publicae sunt, nullius in bonis esse creduntur, ipsius enim universitatis esse creduntur: privatae autem sunt, quae singulorum sunt.

80. l. 83, 5 Dig. de verb. obl. 45, 1.

Paulus libro septuagensimo secundo ad edictum Sacram vel religiosam rem vel usibus publicis in perpetuum relictam (ut forum aut basilicam) aut hominem liberum inutiliter stipulor, quamvis sacra profana fieri et usibus publicis relicta in privatos usus reverti et ex libero servus fieri potest. nam et cum quis rem profanam aut Stichum dari promisit, liberatur, si sine facto eius res sacra esse coeperit aut Stichus ad libertatem pervenerit, nec revocantur in obligationem, si rursus lege aliqua et res sacra profana esse coeperit et Stichus ex libero servus effectus sit. quoniam una atque eadem causa et liberandi et obligandi esset, quod aut dari non possit aut dari possit: nam et si navem, quam spopondit, dominus dissolvit et isdem tabulis compegerit, quia eadem navis esset, inciperet obligari. pro quo et illud dici posse Pedius scribit: si stipulatus fuero ex fundo centum amphoras vini, exspectare debeo, donec nascatur: et si natum sine culpa promissoris consumptum sit, rursum exspectare debeam, donec iterum nascatur et dari possit: et per has vices aut cessaturam aut valituram stipulationem. sed haec dissimilia sunt: adeo enim, cum liber homo promissus est, servitutis tempus spectandum non esse, ut ne haec quidem stipulatio de homine libero probanda sit: 'illum, cum servus esse coeperit, dare spondes?' item 'eum locum, cum ex sacro religiosove profanus esse coeperit, dari?' quia nec praesentis temporis obligationem recipere potest et ea dumtaxat, quae natura sui possibilia sunt, deducuntur in obligationem. vini autem non speciem, sed genus stipulari videmur et tacite in ea tempus continetur: homo liber certa specie continetur. et casum adversamque fortunam spectari hominis liberi neque civile neque naturale est: nam de his rebus negotium recte geremus, quae subici usibus dominioque nostro statim possunt. et navis si hac mente resoluta est, ut in alium usum tabulae destinarentur, licet mutato consilio perficiatur, tamen et perempta prior navis et haec alia dicenda est: sed si reficiendae navis causa omnes tabulae refixae sint, nondum intercidisse navis videtur et compositis rursus eadem esse incipit: sicuti de aedibus deposita tigna ea mente, ut reponantur, aedium sunt, sed si usque ad aream deposita sit, licet eadem materia restituatur, alia erit. hic tractatus etiam ad praetorias stipulationes pertinet, quibus de re restituenda cavetur et an eadem res sit, quaeritur.

81. l. 2, 2 Dig. ne quid in loco publ. 43, 8.

Ulpianus libro sexagensimo octavo ad edictum loca enim publica utique privatorum usibus deserviunt, iure scilicet civitatis, non quasi propria cuiusque, et tantum iuris habemus ad optinendum, quantum quilibet ex populo ad prohibendum habet. propter quod si quod forte opus in publico fiet, quod ad privati damnum redundet, prohibitorio interdicto potest conveniri, propter quam rem hoc interdictum propositum est.

82. Fragm. Vat. 263.

Papinianus libro duodecimo responsorum Eam quae bona sua filiis per epistulam citra stipulationem donavit, si neque possessionem rerum singularum tradidit neque per mancipationem praediorum dominium transtulit nec interpositis delegationibus aut inchoatis litibus actiones novavit, nihil egisse placuit.

83. l. 67, 3 Dig. de cond. indeb. 12, 6.

Scaevola libro quinto digestorum Idem quaesiit, an pactum, quod in pariationibus adscribi solet in hunc modum 'ex hoc contractu nullam inter se controversiam amplius esse' impediat repetitionem. respondit nihil proponi, cur impediret.

84. l. 28 pr. Dig. de verb. signif. 50, 16.

Paulus libro vicensimo primo ad edictum 'Alienationis' verbum etiam usucapionem continet: vix est enim, ut non videatur alienare, qui patitur usucapi. eum quoque alienare dicitur, qui non utendo amisit servitutes. qui occasione adquirendi non utitur, non intellegitur alienare: veluti qui hereditatem omittit aut optionem intra certum tempus datam non amplectitur.

85. l. 3, 1 Dig. quae in fraud. cred. 42, 8.

Ulpianus libro sexagensimo sexto ad edictum Gesta fraudationis causa accipere debemus non solum ea, quae contrahens gesserit aliquis, verum etiam si forte data opera ad iudicium non adfuit vel litem mori patiatur vel a debitore non petit, ut tempore liberetur, aut usum fructum vel servitutem amittit.

86. l. 5, 8 Dig. de reb. eorum qui sub tutela 27, 9.

Ulpianus libro trigesimo quinto ad edictum Fundum autem legatum repudiare pupillus sine praetoris auctoritate non potest: esse enim et hanc alienationem, cum res sit pupilli, nemo dubitat.

87. l. 98 Dig. de verb. signif. 50, 16.

Celsus libro trigensimo nono digestorum Cum bisextum kalendis est, nihil refert, utrum priore an posteriore die quis natus sit, et deinceps sextum kalendas eius natalis dies est: nam id biduum pro uno die habetur. sed posterior dies intercalatur, non prior: ideo quo anno intercalatum non est sexto kalendas natus, cum bisextum kalendis est, priorem diem natalem
1 habet. Cato putat mensem intercalarem additicium esse: omnesque eius dies pro momento temporis observat extremoque
2 diei mensis Februarii adtribuit Quintus Mucius. Mensis autem intercalaris constat ex diebus viginti octo.

88. l. 134 Dig. de verb. signif. 50, 16.

Paulus libro secundo ad legem Iuliam et Papiam 'Anniculus' non statim ut natus est, sed trecentesimo sexagensimo quinto die dicitur, incipiente plane, non exacto die, quia annum civiliter non ad momenta temporum, sed ad dies numeramus.

89. l. 8 Dig. de feriis 2, 12.

Paulus libro tertio decimo ad Sabinum More Romano dies a media nocte incipit et sequentis noctis media parte finitur. itaque quidquid in his viginti quattuor horis, id est duabus dimidiatis noctibus et luce media, actum est, perinde est, quasi quavis hora lucis actum esset.

90. l. 49 Dig. de cond. et dem. 35, 1.

Celsus libro vicesimo secundo digestorum Si in annos decem heres dare damnatus aut quis liber esse iussus est, novissimo eius temporis die legatum debebitur et libertas coptingit.

91. l. 15 pr. Dig. de div. temp. praescr. 44, 3.

Venuleius libro quinto interdictorum In usucapione ita servatur, ut, etiamsi minimo momento novissimi diei possessa sit res, nihilo minus repleatur usucapio, nec totus dies exigitur ad explendum constitutum tempus.

92. l. 6 Dig. de usurp. et usuc. 41, 3.

Ulpianus libro undecimo ad edictum In usucapionibus non a momento ad momentum, sed totum postremum diem computamus.

93. l. 7 Dig. de usurp. et usuc. 41, 3.

Ulpianus libro vicensimo septimo ad Sabinum Ideoque qui hora sexta diei kalendarum Ianuariarum possidere coepit, hora sexta noctis pridie kalendas Ianuarias implet usucapionem.

94. l. 6 Dig. de obl. et act. 44, 7.

Paulus libro quarto ad Sabinum In omnibus temporalibus actionibus nisi novissimus totus dies compleatur, non finit obligationem.

95. l. 101 Dig. de reg. iur. 50, 17.

Paulus libro singulari de cognitionibus Ubi lex duorum mensum fecit mentionem, et qui sexagensimo et primo die venerit, audiendus est: ita enim et imperator Antoninus cum divo patre suo rescripsit.

96. l. 2 Dig. de div. temp. praescr. 44, 3.

Marcellus libro sexto digestorum In tempore constituto iudicatis an intercalaris dies proficere iudicato nec ne debeat, quaeritur. item de tempore, quo lis perit, sic sine dubio existimandum est, ut auctum litis tempus intercalari die existimetur, veluti si de usucapione sit quaestio, quae tempore constituto expleri solet, aut de actionibus, quae certo tempore finiuntur, ut aediliciae pleraeque actiones. et si quis fundum ea lege vendiderit, ut, nisi in diebus triginta pretium esset solutum, inemptus esset fundus, dies intercalaris proficiet emptori. mihi contra videtur.

97. l. 1 Dig. de jur. et fact. ign. 22, 6.

Paulus libro quadragesimo quarto ad edictum Ignorantia
1 vel facti vel iuris est. Nam si quis nesciat decessisse eum,

cuius bonorum possessio defertur, non cedit ei tempus: sed
si sciat quidem defunctum esse cognatum, nesciat autem proxi-
mitatis nomine bonorum possessionem sibi deferri, aut se
sciat scriptum heredem, nesciat autem quod scriptis heredibus
bonorum possessionem praetor promittit, cedit ei tempus, quia
in iure errat. idem est, si frater consanguineus defuncti cre-
2 dat matrem potiorem esse. Si quis nesciat se cognatum
esse, interdum in iure, interdum in facto errat. nam si et
liberum se esse et ex quibus natus sit sciat, iura autem co-
gnationis habere se nesciat, in iure errat: at si quis (forte ex-
positus) quorum parentium esset ignoret, fortasse et serviat
alicui putans se servum esse, in facto magis quam in iure
3 errat. Item si quis sciat quidem alii delatam esse bonorum
possessionem, nesciat autem ei tempus praeterisse bonorum
possessionis, in facto errat. idem est, si putet eum bonorum
possessionem accepisse. sed si sciat eum non petisse tem-
pusque ei praeterisse, ignoret autem sibi ex successorio capite
competere bonorum possessionem, cedet ei tempus, quia in
4 iure errat. Idem dicemus, si ex asse heres institutus non
putet se bonorum possessionem petere posse ante apertas ta-
bulas: quod si nesciat esse tabulas, in facto errat.

98. l. 9 Dig. de iur. et fact. ign. 22, 6.

Paulus libro singulari de iuris et facti ignorantia Regula
est iuris quidem ignorantiam cuique nocere, facti vero igno-
rantiam non nocere. videamus igitur, in quibus speciebus
locum habere possit, ante praemisso quod minoribus viginti
quinque annis ius ignorare permissum est. quod et in feminis
in quibusdam causis propter sexus infirmitatem dicitur: et
ideo sicubi non est delictum, sed iuris ignorantia, non laedun-
tur. hac ratione si minor viginti quinque annis filio familias
crediderit, subvenitur ei, ut non videatur filio familias cre-
1 didisse. Si filius familias miles a commilitone heres institu-
tus nesciat sibi etiam sine patre licere adire per constitu-
tiones principales, ius ignorare potest et ideo ei dies aditionis
2 [non] cedit. Sed facti ignorantia ita demum cuique non nocet,
si non ei summa neglegentia obiciatur: quid enim si omnes
in civitate sciant, quod ille solus ignorat? et recte Labeo
definit scientiam neque curiosissimi neque neglegentissimi ho-

minis accipiendam, verum eius, qui cum eam rem ut (*scr.* curet),
3 diligenter inquirendo notam habere possit. Sed iuris ignoran-
tiam non prodesse Labeo ita accipiendum existimat, si iuris
consulti copiam haberet vel sua prudentia instructus sit, ut,
cui facile sit scire, ei detrimento sit iuris ignorantia: quod
4 raro accipiendum est. Qui ignoravit dominum esse rei ven-
ditorem, plus in re est, quam in existimatione mentis: et
ideo, tametsi existimet se non a domino emere, tamen, si a
5 domino ei tradatur, dominus efficitur. Si quis ius igno-
rans lege Falcidia usus non sit, nocere ei dicit epistula divi
Pii. sed et imperatores Severus et Antoninus in haec verba
rescripserunt: 'Quod ex causa fideicommissi indebitum datum
'est, si non per errorem solutum est, repeti non potest.
'quamobrem Gargiliani heredes, qui, cum ex testamento eius
'pecuniam ad opus aquae ductus rei publicae Cirtensium relic-
'tam solverint, non solum cautiones non exegerunt, quae inter-
'poni solent, ut quod amplius cepissent municipes quam per
'legem Falcidiam licuisset redderent, verum etiam stipulati
'sunt, ne ea summa in alios usus converteretur et scientes
'prudentesque passi sunt eam pecuniam in opus aquae ductus
'impendi, frustra postulant reddi sibi a re publica Cirtensium,
'quasi plus debito dederint, cum sit utrumque iniquum pecu-
'niam, quae ad opus aquae ductus data est, repeti et rem
'publicam ex corpore patrimonii sui impendere in id opus,
'quod totum alienae liberalitatis gloriam repraesentet. quod
'si ideo repetitionem eius pecuniae habere credunt, quod im-
'peritia lapsi legis Falcidiae beneficio usi non sunt, sciant
'ignorantiam facti, non iuris prodesse nec stultis
6 'solere succurri, sed errantibus'. Et licet municipum
mentio in hac epistula fiat, tamen et in qualibet persona idem
observabitur. sed nec quod in opere aquae ductus relicta esse
pecunia proponitur, in hunc solum casum cessare repetitionem
dicendum est. nam initium constitutionis generale est: demon-
strat enim, si non per errorem solutum sit fideicommissum,
quod indebitum fuit, non posse repeti: item et illa pars aeque
generalis est, ut qui iuris ignorantia legis Falcidiae beneficio usi
non sunt, non possint repetere: ut secundum hoc possit dici
etiam, si pecunia, quae per fideicommissum relicta est quaeque
soluta est, non ad aliquid faciendum relicta sit, et licet con-

sumpta non sit, sed exstet apud eum cui soluta est, cessare repetitionem.

99. l. 10 Dig. de bon. poss. 37, 1.

Paulus libro secundo ad Sabinum In bonorum possessionibus iuris ignorantia non prodest, quo minus dies cedat, et ideo heredi instituto et ante apertas tabulas dies cedit. satis est enim scire mortuum esse seque proximum cognatum fuisse copiamque eorum quos consuleret habuisse: scientiam enim non hanc accipi, quae iuris prudentibus sit, sed eam, quam quis aut per se habeat aut consulendo prudentiores adsequi potest.

100. l. 2, 5 Dig. quis ordo 38, 15.

Ulpianus libro quadragensimo nono ad edictum Scientiam eam observandam Pomponius ait, non quae cadit in iuris prudentes, sed quam quis aut per se aut per alios adsequi potuit, scilicet consulendo prudentiores, ut diligentiorem patrem familias consulere dignum sit.

101. l. 4 Dig. quod vi aut clam 43, 24.

Venuleius libro secundo interdictorum Servius etiam eum clam facere, qui existimare debeat sibi controversiam futuram, quia non opinionem cuius et resupinam existimationem esse oporteat, ne melioris condicionis sint stulti quam periti.

102. l. 7 Dig. de iur. et fact. ign. 22, 6.

Papinianus libro nono decimo quaestionum Iuris ignorantia non prodest adquirere volentibus, suum vero petentibus non nocet.

103. l. 8 Dig. de iur. et fact. ign. 22, 6.

Papinianus libro primo definitionum Error facti ne maribus quidem in damnis vel compendiis obest, iuris autem error nec feminis in compendiis prodest: ceterum omnibus iuris error in damnis amittendae rei suae non nocet.

104. l. 9, 2 Dig. loc. cond. 19, 2.

Ulpianus libro trigesimo secundo ad edictum Iulianus libro quinto decimo digestorum dicit, si quis fundum locaverit, ut etiam si quid vi maiori accidisset, hoc ei praestaretur, pacto standum esse.

105. l. 3 Dig. de reb. dub. 34, 5.

Paulus libro quarto decimo quaestionum In ambiguo sermone non utrumque dicimus, sed id dumtaxat quod volumus: itaque qui aliud dicit quam vult, neque id dicit quod vox significat, quia non vult, neque id quod vult, quia id non loquitur.

106. l. 3, 2 Dig. de obl. et act. 44, 7.

Paulus libro secundo institutionum Verborum quoque obligatio constat, si inter contrahentes id agatur: nec enim si per iocum puta vel demonstrandi intellectus causa ego tibi dixero ‘spondes’? et tu responderis ‘spondeo’, nascetur obligatio.

107. c. 26 X de sponsal. 4, 1 (a. 1212).

Tua nos duxit fraternitas consulendos . . ., quum quandam mulierem quidam aliter inducere nequivisset, ut sibi commisceretur carnaliter, nisi desponsasset eandem, nulla sollennitate adhibita vel alicuius praesentia, dixit illi: ‘te Ioannes desponsat’, quum ipse Ioannes non vocaretur, sed finxit se vocari Ioannem, non credens esse coniugium eo, quod ipse non vocaretur hoc nomine nec haberet propositum contrahendi, sed copulam tantum exsequendi carnalem, utrum inter praedictos sit matrimonium celebratum, quum mulier consenserit et consentiat in eundem, et ille dissenserit et dissentiat, nec aliud quicquam egerit quam superius est expressum, nisi quod cognoverit eandem . . . . Nos autem quid iuris sit rescribentes, dicimus, quod . . . non debet ex illo facto coniugium iudicari, quum in eo nec substantia coniugalis contractus nec forma contrahendi coniugium valeat inveniri, quoniam ex altera parte dolus solummodo adfuit et defuit omnino consensus, sine quo cetera nequeunt foedus perficere coniugale.

108. l. 2, 1 Dig. de admin. rer. 50, 8.

Ulpianus libro tertio opinionum Quod quis suo nomine exercere prohibetur, id nec per subiectam personam agere debet. et ideo si decurio subiectis aliorum nominibus praedia publica colat, quae decurionibus conducere non licet secundum legem, usurpata revocentur.

109. l. 9 Dig. de contr. empt. 18, 1.

Ulpianus libro vicensimo octavo ad Sabinum In venditionibus et emptionibus consensum debere intercedere palam

est: ceterum sive in ipsa emptione dissentient sive in pretio
sive in quo alio, emptio imperfecta est. si igitur ego me
fundum emere putarem Cornelianum, tu mihi te vendere
Sempronianum putasti, quia in corpore dissensimus, emptio
nulla est. idem est, si ego me Stichum, tu Pamphilum ab-
sentem vendere putasti: nam cum in corpore dissentiatur,
1 apparet nullam esse emptionem. Plane si in nomine dissen-
tiamus, verum de corpore constet, nulla dubitatio est, quin
valeat emptio et venditio: nihil enim facit error nominis.
2 cum de corpore constat. Inde quaeritur, si in ipso corpore
non erratur, sed in substantia error sit, ut puta si acetum
pro vino veneat, aes pro auro vel plumbum pro argento vel
quid aliud argento simile, an emptio et venditio sit. Mar-
cellus scripsit libro sexto digestorum emptionem esse et vendi-
tionem, quia in corpus consensum est, etsi in materia sit
erratum. ego in vino quidem consentio, quia eadem prope
οὐσία est, si modo vinum acuit: ceterum si vinum non acuit,
sed ab initio acetum fuit, ut embamma, aliud pro alio venisse
videtur. in ceteris autem nullam esse venditionem puto,
quotiens in materia erratur.

110. l. 58 Dig. de contr. empt. 18, 1.

Papinianus libro decimo quaestionum Arboribus quoque vento deiectis vel absumptis igne dictum est emptionem fundi non videri esse contractam, si contemplatione illarum arborum, veluti oliveti, fundus comparabatur, sive sciente sive ignorante venditore: sive autem emptor sciebat vel ignorabat vel uterque eorum, haec optinent, quae in superioribus casibus pro aedibus dicta sunt.

111. l. 110 pr. Dig. de reg. iur. 50, 17.

Paulus libro sexto ad edictum In eo, quod plus sit, semper inest et minus.

112. l. 6 Dig. quod metus 4, 2.

Gaius libro quarto ad edictum provinciale Metum autem non vani hominis, sed qui merito et in homine constantissimo cadat, ad hoc edictum pertinere dicemus.

113. l. 9 pr. Dig. quod metus 4, 2.

Ulpianus libro undecimo ad edictum Metum autem praesentem accipere debemus, non suspicionem inferendi eius: et ita Pomponius libro vicensimo octavo scribit. ait enim metum illatum accipiendum, id est si illatus est timor ab aliquo. denique tractat, si fundum meum dereliquero audito, quod quis cum armis veniret, an huic edicto locus sit? et refert Labeonem existimare edicto locum non esse et unde vi interdictum cessare, quoniam non videor vi deiectus, qui deici non expectavi sed profugi. aliter atque si, posteaquam armati ingressi sunt, tunc discessi: huic enim edicto locum facere. idem ait, et si forte adhibita manu in meo solo per vim aedifices, et interdictum quod vi aut clam et hoc edictum locum habere, scilicet quoniam metu patior id te facere. sed et si per vim tibi possessionem tradidero, dicit Pomponius hoc edicto locum esse.

114. l. 1, 2 Dig. de dolo 4, 3.

Ulpianus libro undecimo ad edictum Dolum malum Servius quidem ita definiit machinationem quandam alterius decipiendi causa, cum aliud simulatur et aliud agitur. Labeo autem posse et sine simulatione id agi, ut quis circumveniatur: posse et sine dolo malo aliud agi, aliud simulari, sicuti faciunt, qui per eiusmodi dissimulationem deserviant et tuentur vel sua vel aliena: itaque ipse sic definiit dolum malum esse omnem calliditatem fallaciam machinationem ad circumveniendum fallendum decipiendum alterum adhibitam. Labeonis definitio vera est.

115. l. 37 Dig. de dolo 4, 3.

Ulpianus libro quadragensimo quarto ad Sabinum Quod venditor ut commendet dicit, sic habendum, quasi neque dictum neque promissum est. si vero decipiendi emptoris causa dictum est, aeque sic habendum est, ut non nascatur adversus dictum promissumve actio, sed de dolo actio.

116. l. 77 Dig. de reg. iur. 50, 17.

Papinianus libro vicesimo octavo quaestionum Actus legitimi, qui non recipiunt diem vel condicionem, veluti emancipatio, acceptilatio, hereditatis aditio, servi optio, datio tutoris, in totum vitiantur per temporis vel condicionis adiectionem. nonnumquam tamen actus supra scripti tacite recipiunt, quae aperte comprehensa vitium adferunt. nam si acceptum feratur ei, qui sub condicione promisit, ita demum egisse aliquid acceptilatio intellegitur, si obligationis condicio exstiterit: quae si verbis nominatim acceptilationis comprehendatur, nullius momenti faciet actum.

117. Fragm. Vat. § 329.

Papinianus libro secundo responsorum Sub condicione cognitor non recte datur, non magis quam mancipatur aut acceptum vel expensum fertur; nec ad rem pertinet, an ea condicio sit inserta, quae non expressa tacite inesse videatur.

118. l. 2 Dig. de in diem add. 18, 2.

Ulpianus libro vicensimo octavo ad Sabinum Quotiens fundus in diem addicitur, utrum pura emptio est, sed sub condicione resolvitur, an vero condicionalis sit magis emptio, quaestionis est. et mihi videtur verius interesse, quid actum sit: nam si quidem hoc actum est, ut meliore allata condicione discedatur, erit pura emptio, quae sub condicione resolvitur: sin autem hoc actum est, ut perficiatur emptio, nisi melior condicio offeratur, erit emptio condicionalis. Ubi igitur secundum quod distinximus pura venditio est, Iulianus scribit hunc, cui res in diem addicta est, et usucapere posse et fructus et accessiones lucrari et periculum ad eum pertinere, si res interierit.

119. l. 2, 3 Dig. pro empt. 41, 4.

Paulus libro quinquagensimo quarto ad edictum Sabinus, si sic empta sit, ut, nisi pecunia intra diem certum soluta esset, inempta res fieret, non usucapturum nisi persoluta pecunia. sed videamus, utrum condicio sit hoc an conventio: si conventio est, magis resolvetur quam implebitur.

120. § 6 Inst. de verborum obligatione 3, 15.

Condiciones, quae ad praeteritum vel ad praesens tempus referuntur, aut statim infirmant obligationem aut omnino non differunt: veluti 'si Titius consul fuit' vel 'si Maevius vivit, dare spondes?' nam si ea ita non sunt, nihil valet stipulatio: sin autem ita se habent, statim valet. quae enim per rerum naturam certa sunt, non morantur obligationem, licet apud nos incerta sint.

121. l. 9, 1 Dig. de nov. et del. 46, 2.

Ulpianus libro quadragensimo septimo ad Sabinum Qui sub condicione stipulatur, quae omnimodo exstatura est, pure videtur stipulari.

122. l. 7 Dig. de verb. obl. 45, 1.

Ulpianus libro sexto ad Sabinum Impossibilis condicio cum in faciendum concipitur, stipulationibus obstat: aliter atque si talis condicio inseratur stipulationi 'si in caelum non ascenderit': nam utilis et praesens est et pecuniam creditam continet.

123. § 11 Inst. de inutil. stipul. 3, 19.

Si impossibilis condicio obligationibus adiciatur, nihil valet stipulatio. impossibilis autem condicio habetur, cui natura impedimento est, quo minus existat, veluti si quis ita dixerit: 'si digito caelum attigero, dare spondes?' at si ita stipuletur, 'si digito caelum non attigero, dare spondes?' pure facta obligatio intellegitur ideoque statim petere potest.

124. l. 4, 1 Dig. de statulib. 40, 7.

Paulus libro quinto ad Sabinum Non est statuliber, cui libertas in tam longum tempus collata est, ut eo tempore is qui manumissus est vivere non possit: aut si tam difficilem, immo paene inpossibilem condicionem adiecerit, ut aliunde ea libertas optingere non possit, veluti si heredi milies dedisset aut cum moreretur, liberum esse iussisset: sic enim libertas inutiliter datur, et ita Iulianus scribit, quia nec animus dandae libertatis est.

125. l. 121, 1 Dig. de verb. obl. 45, 1.

Papinianus libro undecimo responsorum Stipulationis utiliter interponendae gratia mulier ab eo, in cuius matrimonium conveniebat, stipulata fuerat ducenta, si concubinae tempore matrimonii consuetudinem repetisset. nihil causae esse respondi, cur ex stipulatione, quae ex bonis moribus concepta fuerat, mulier impleta condicione pecuniam adsequi non possit.

126. l. 7, 3 Dig. de pact. 2, 14.

Ulpianus libro quarto ad edictum Si ob maleficium ne fiat promissum sit, nulla est obligatio ex hac conventione.

127. l. 8 Dig. de obl. et act. 44, 7.

Pomponius libro sexto decimo ad Sabinum Sub hac condicione 'si volam' nulla fit obligatio: pro non dicto enim est, quod dare nisi velis cogi non possis: nam nec heres promissoris eius, qui numquam dare voluerit, tenetur, quia haec condicio in ipsum promissorem numquam exstitit.

128. l. 16 Dig. de cond. ind. 12, 6.

Pomponius libro quinto decimo ad Sabinum Sub condicione debitum per errorem solutum pendente quidem condicione repetitur, condicione autem exsistente repeti non potest. Quod autem sub incerta die debetur, die exsistente non repetitur.

129. l. 161 Dig. de reg. iur. 50, 17.

Ulpianus libro septuagensimo septimo ad edictum In iure civili receptum est, quotiens per eum, cuius interest condicionem non impleri, fiat quo minus impleatur, perinde haberi, ac si impleta condicio fuisset. quod ad libertatem et legata et ad heredum institutiones perducitur. quibus exemplis stipulationes quoque committuntur, cum per promissorem factum esset, quo minus stipulator condicioni pareret.

130. cap. 66 in VI° de reg. iur. 5, 13.

Quum non stat per eum, ad quem pertinet, quo minus condicio impleatur, haberi debet perinde, ac si impleta fuisset.

131. l. 11, 1 Dig. qui pot. in pign. 20, 4.

Gaius libro singulari de formula hypothecaria Videamus, an idem dicendum sit, si sub condicione stipulatione facta hypotheca data sit, qua pendente alius credidit pure et accepit eandem hypothecam, tunc deinde prioris stipulationis exsistat condicio, ut potior sit qui postea credidisset. sed vereor, num hic aliud sit dicendum: cum enim semel condicio exstitit, perinde habetur, ac si illo tempore, quo stipulatio interposita est, sine condicione facta esset. quod et melius est.

132. l. 1 Dig. de in diem add. 18, 2.

Paulus libro quinto ad Sabinum In diem addictio ita fit: 'ille fundus centum esto tibi emptus, nisi si quis intra kalendas Ianuarias proximas meliorem condicionem fecerit, quo res a domino abeat.'

133. l. 17 Dig. de hered. vel act. vend. 18, 4.

Ulpianus libro quadragesimo tertio ad edictum Nomina eorum, qui sub condicione vel in diem debent, et emere et vendere solemus: ea enim res est, quae emi et venire potest.

134. Fragm. Vat. § 283 (= c. 2 Cod. de don. quae sub modo 8, 54).

Impp. Diocletianus et Maximianus (a. 286) Si praediorum stipendiariorum proprietatem dono dedisti ita, ut post mortem eius qui accepit ad te rediret, donatio inrita est, cum ad tempus (te *cod. fr. vat.;* tempus *Iust.*) proprietas transferri nequiverit etc.

135. l. 80 Dig. de cond. et dem. 35, 1.

Scaevola libro octavo quaestionum Eas causas, quae protinus agentem repellunt, in fideicommissis non pro condicionalibus observari oportet: eas vero, quae habent moram cum sumptu, admittemus cautione oblata: nec enim parem dicemus eum, cui ita datum sit, si monumentum fecerit, et eum, cui datum est, ut monumentum faciat.

136. l. 11, 6 Dig. de pign. act. 13, 7.

Ulpianus libro vicensimo octavo ad edictum Per liberam autem personam pignoris obligatio nobis non adquiritur, adeo ut ne per procuratorem plerumque vel tutorem adquiratur: et ideo ipsi actione pigneraticia convenientur. sed nec mutat, quod constitutum est ab imperatore nostro posse per liberam personam possessionem adquiri: nam hoc eo pertinebit, ut possimus pignoris nobis obligati possessionem per procuratorem vel tutorem adprehendere, ipsam autem obligationem libera persona nobis non semper adquiret.

137. Paulus Sent. V 2, 2.

Per liberas personas, quae in potestate nostra non sunt, adquiri nobis nihil potest. Sed per procuratorem adquiri nobis p o s s e s s i o n e m posse utilitatis causa receptum est.

138. l. 34, 3 Dig. de solut. 46, 3.

Iulianus libro quinquagensimo quarto digestorum Si Titium omnibus negotiis meis praeposuero, deinde vetuero eum ignorantibus debitoribus administrare negotia mea, debitores ei solvendo liberabuntur: nam is, qui omnibus negotiis suis aliquem proponit, intellegitur etiam debitoribus mandare, ut procuratori solvant.

139. l. 51 Dig. de solut. 46, 3.

Paulus libro nono ad edictum Dispensatori, qui ignorante debitore remotus est ab actu, recte solvitur: ex voluntate enim domini ei solvitur, quam si nescit mutatam, qui solvit liberatur.

140. l. 3 Dig. de test. 29, 1.

Ulpianus libro secundo ad Sabinum Si miles, qui destinaverat communi iure testari, ante defecerit quam testaretur? Pomponius dubitat. sed cur non in milite diversum probet? neque enim qui voluit iure communi testari, statim beneficio militari renuntiavit, nec credendus est quisquam genus testandi eligere ad impugnanda sua iudicia, sed magis utroque genere voluisse propter fortuitos casus: quemadmodum plerique pagani solent, cum testamenti faciunt perscripturam, adicere velle hoc etiam vice codicillorum valere. nec quisquam dixerit, si imperfectum sit testamentum, codicillos non esse, nam secundum nostram sententiam etiam divus Marcus rescripsit.

141. l. 29 Dig. de reg. iur. 50, 17.

Paulus libro octavo ad Sabinum Quod initio vitiosum est, non potest tractu temporis convalescere.

142. l. 34 Dig. de reg. iur. 50, 17.

Ulpianus libro quadragensimo quinto ad Sabinum Semper in stipulationibus et in ceteris contractibus id sequimur, quod actum est: aut, si non pareat quid actum est, erit consequens, ut id sequamur, quod in regione in qua actum est frequentatur. quid ergo, si neque regionis mos appareat, quia varius fuit? ad id, quod minimum est, redigenda summa est.

143. l. 219 Dig. de verb. signif. 50, 16.

Papinianus libro secundo responsorum In conventionibus contrahentium voluntatem potius quam verba spectari placuit. cum igitur ea lege fundum vectigalem municipes locaverint, ut ad heredem eius qui suscepit pertineret, ius heredum ad legatarium quoque transferri potuit.

144. l. 7, 1 Dig. de resc. vend. 18, 5.

Paulus libro quinto quaestionum Potest quaeri, si sine tutoris auctoritate pactus fuerit (pupillus), ut discedatur ab emptione, an proinde sit, atque si ab initio sine tutoris auctoritate emisset, ut scilicet ipse non teneatur, sed agente eo retentiones competant. sed nec illud sine ratione dicetur, quoniam initio recte emptio sit contracta, vix bonae fidei convenire eo pacto stari, quod alteri captiosum sit, et maxime, si iusto errore sit deceptus.

145. l. 39 Dig. de pact. 2, 14.

Parisius libro quinto quaestionum Veteribus placet pactionem obscuram vel ambiguam venditori et qui locavit nocere, in quorum fuit potestate legem apertius conscribere.

146. l. 26 Dig. de reb. dub. 34, 5.

Celsus libro vicesimo sexto digestorum Cum quaeritur in stipulatione, quid acti sit, ambiguitas contra stipulatorem est.

147. l. 80 Dig. de verb. obl. 45, 1.

Ulpianus libro septuagensimo quarto ad edictum Quotiens in stipulationibus ambigua oratio est, commodissimum est id accipi, quo res, qua de agitur, in tuto sit.

148. l. 67 Dig. de reg. iur. 50, 17.

Iulianus libro octagensimo septimo digestorum Quotiens idem sermo duas sententias exprimit, ea potissimum excipiatur, quae rei gerendae aptior est.

149. l. 29, 3 Dig. ad leg. Aquil. 9, 2.

Ulpianus libro octavo decimo ad edictum Item Labeo scribit, cum vi ventorum navis impulsa esset in funes anchorarum alterius et nautae funes praecidissent, si nullo alio modo nisi praecisis funibus explicare se potuit, nullam actionem dandam. idemque Labeo et Proculus et circa retia piscatorum, in quae navis inciderat, aestimarunt.

150. l. 167, 1 Dig. de reg. iur. 50, 17.

Paulus libro quadragensimo nono ad edictum Qui iussu iudicis aliquid facit, non videtur dolo malo facere, quia parere necesse habet.

151. l. 55 Dig. de reg. iur. 50, 17.

Gaius libro secundo de testamentis ad edictum urbicum Nullus videtur dolo facere, qui suo iure utitur.

152. l. 38 Dig. de rei vind. 6, 1.

Celsus libro tertio digestorum In fundo alieno, quem imprudens emeras, aedificasti aut conseruisti, deinde evincitur: bonus iudex varie ex personis causisque constituet. finge et dominum eadem facturum fuisse: reddat impensam, ut fundum recipiat, usque eo dumtaxat, quo pretiosior factus est, et si plus pretio fundi accessit, solum quod impensum est. finge pauperem, qui, si reddere id cogatur, laribus sepulchris avitis carendum habeat: sufficit tibi permitti tollere ex his rebus quae possis, dum ita ne deterior sit fundus, quam si initio non foret aedificatum. constituimus vero, ut, si paratus est dominus tantum dare, quantum habiturus est possessor his rebus ablatis, fiat ei potestas: neque malitiis indulgendum est, si tectorium puta, quod induxeris, picturasque corradere velis, nihil laturus nisi ut officias. finge eam personam esse domini, quae receptum fundum mox venditura sit: nisi reddit, quantum prima parte reddi oportere diximus, eo deducto tu condemnandus es.

153. l. 213, 2 Dig. de verb. signif. 50, 16.

Ulpianus libro primo regularum 'Lata culpa' est nimia neglegentia, id est non intellegere quod omnes intellegunt.

154. l. 32 Dig. dep. 16, 3.

Celsus libro undecimo digestorum Quod Nerva diceret latiorem culpam dolum esse, Proculo displicebat, mihi verissimum videtur. nam et si quis non ad eum modum quem hominum natura desiderat diligens est, nisi tamen ad suum modum curam in deposito praestat, fraude non caret: nec enim salva fide minorem is quam suis rebus diligentiam praestabit.

155. l. 1, 1 Dig. si mens. fals. mod. 11, 6.

Ulpianus libro vicensimo quarto ad edictum Haec actio dolum malum dumtaxat exigit: visum est enim satis abundeque coerceri mensorem, si dolus malus solus conveniatur eius hominis, qui civiliter obligatus non est. proinde si imperite versatus est, sibi imputare debet qui eum adhibuit: sed et si neglegenter, aeque mensor securus erit: lata culpa plane dolo comparabitur. sed et si mercedem accepit, non omnem culpam eum praestare propter verba edicti: utique enim scit praetor et mercede eos intervenire.

156. l. 72 Dig. pro socio 17, 2.

Gaius libro secundo cottidianarum rerum Socius socio etiam culpae nomine tenetur, id est desidiae atque neglegentiae. culpa autem non ad exactissimam diligentiam dirigenda est: sufficit etenim talem diligentiam communibus rebus adhibere, qualem suis rebus adhibere solet, quia qui parum diligentem sibi socium adquirit, de se queri debet.

157. § 9 Inst. de societate 3, 25.

Socius socio utrum eo nomine tantum teneatur pro socio actione, si quid dolo commiserit, sicut is qui deponi apud se passus est, an etiam culpae, id est desidiae atque neglegentiae nomine, quaesitum est: praevaluit tamen etiam culpae nomine teneri eum. culpa autem non ad exactissimam diligentiam dirigenda est: sufficit enim talem diligentiam in communibus rebus adhibere socium, qualem suis rebus adhibere solet. nam qui parum diligentem socium sibi adsumit, de se queri debet.

158. l. 1 Cod. unde vi 8, 4.

Impp. Diocletianus et Maximianus AA. Theodoro (a. 290). Recte possidenti ad defendendam possessionem, quam sine vitio tenebat, inculpatae tutelae moderatione illatam vim propulsare licet.

159. l. 7 Dig. ad leg. Jul. de vi priv. 48, 7. (*cf. l.* 13 *D.* 4, 2.)

Callistratus libro quinto de cognitionibus Creditores si adversus debitores suos agant, per iudicem id, quod deberi sibi putant, reposcere debent: alioquin si in rem debitoris sui intraverint id nullo concedente, divus Marcus decrevit ius crediti eos non habere. verba decreti haec sunt. 'Optimum 'est, ut, si quas putas te habere petitiones, actionibus expe-'riaris: interim ille in possessione debet morari, tu petitor es.' et cum Marcianus diceret: 'vim nullam feci'. Caesar dixit: 'tu vim putas esse solum, si homines vulnerentur? vis est et 'tunc, quotiens quis id, quod deberi sibi putat, non per iudi- 'cem reposcit. non puto autem nec verecundiae nec dignitati 'nec pietati tuae convenire quicquam non iure facere. quis- 'quis igitur probatus mihi fuerit rem ullam debitoris non ab 'ipso sibi traditam sine ullo iudice temere possidere, eumque 'sibi ius in eam rem dixisse, ius crediti non habebit.'

160. l. 25, 2 Dig. de obl. et act. 44, 7.

Ulpianus libro singulari regularum Omnes autem actiones aut civiles dicuntur aut honorariae.

161. §§ 8—11 Inst. de exceptionibus 4, 13.

8 Appellantur autem exceptiones aliae perpetuae et peremp-
9 toriae, aliae temporales et dilatoriae. Perpetuae et peremptoriae sunt, quae semper agentibus obstant et semper rem de qua agitur peremunt: qualis est exceptio doli mali et quod metus causa factum est et pacti conventi, cum ita convenerit, ne
10 omnino pecunia peteretur. Temporales atque dilatoriae sunt, quae ad tempus nocent et temporis dilationem tribuunt: qualis est pacti conventi, cum convenerit, ne intra certum tempus ageretur, veluti intra quinquennium. nam finito eo tempore non impeditur actor rem exsequi. ergo hi, quibus intra tempus agere volentibus obicitur exceptio aut pacti conventi aut alia similis, differre debent actionem et post tempus agere: ideo enim et dilatoriae istae exceptiones appellantur. alioquin, si intra tempus egerint obiectaque sit exceptio, neque eo iudicio quidquam consequerentur propter exceptionem nec post tempus olim agere poterant, cum temere rem in iudicium deducebant et consumebant. hodie autem non ita stricte haec procedere volumus, sed eum, qui ante tempus pactionis vel obligationis litem inferre ausus est, Zenonianae constitutioni (*c.* 1 *Cod.* 3,10) subiacere censemus, quam sacratissimus legislator de his qui tempore plus petierunt protulit, ut et indutias quas, si ipse actor sponte indulserit vel natura actionis continet, contempserat, in duplum habeant hi, qui talem iniuriam passi sunt, et post eas finitas non aliter litem suscipiant, nisi omnes expensas litis antea acceperint, ut actores tali poena perterriti
11 tempora litium doceantur observare. Praeterea etiam ex persona dilatoriae sunt exceptiones: quales sunt procuratoriae, veluti si per militem aut mulierem agere quis velit.

162. l. 2, 2 Dig. de d. m. exc. 44, 4.

Ulpianus libro septuagensimo sexto ad edictum Plane ex persona eius, qui exceptionem obicit, in rem opponitur exceptio: neque enim quaeritur, adversus quem commissus sit dolus, sed an in ea re dolo malo factum sit a parte actoris.

163. l. 4, 33 Dig. de d. m. exc. 44, 4.

Ulpianus libro septuagensimo sexto ad edictum Metus causa exceptionem Cassius non proposuerat contentus doli exceptione, quae est generalis: sed utilius visum est etiam de metu opponere exceptionem. etenim distat aliquid doli exceptione, quod exceptio doli personam complectitur eius, qui dolo fecit: enimvero metus causa exceptio in rem scripta est ‘si in ea re nihil metus causa factum est’, ut non inspiciamus, an is qui agit metus causa fecit aliquid, sed an omnino metus causa factum est in hac re a quocumque, non tantum ab eo qui agit. et quamvis de dolo auctoris exceptio non obiciatur, verumtamen hoc iure utimur, ut de metu non tantum ab auctore, verum a quocumque adhibito exceptio obici possit.

164. l. 2, 5 Dig. de d. m. exc. 44, 4.

Ulpianus libro septuagensimo sexto ad edictum Et generaliter sciendum est ex omnibus in factum exceptionibus doli oriri exceptionem, quia dolo facit, quicumque id, quod quaqua exceptione elidi potest, petit; nam et si inter initia nihil dolo malo facit, attamen nunc petendo facit dolose, nisi si talis sit ignorantia in eo, ut dolo careat.

165. l. 12 Dig. de d. m. exc. 44, 4.

Papinianus libro tertio quaestionum Qui aequitate defensionis infringere actionem potest, doli exceptione tutus est.

166. l. 2, 1 Dig. de exc. 44, 1.

Ulpianus libro quarto ad edictum Replicationes nihil aliud sunt quam exceptiones, et a parte actoris veniunt: quae quidem ideo necessariae sunt, ut exceptiones excludant: semper enim replicatio idcirco obicitur, ut exceptionem oppugnet.

167. l. 17 Dig. mand. 17, 1.

Paulus libro septimo ad Sabinum Si mandavero tibi, ut a Titio decem exigeres, et ante exacta ea mandati tecum egero, si ante rem iudicatam exegeris, condemnandum te esse constat.

168. l. 25, 7 Dig. de hered. petit. 5, 3.

Ulpianus libro quinto decimo ad edictum 'Si ante litem 'contestatam', inquit, 'fecerit': hoc ideo adiectum, quoniam post litem contestatam omnes incipiunt malae fidei possessores esse, quin immo post controversiam motam. quamquam enim litis contestatae mentio fiat in senatus consulto, tamen et post motam controversiam omnes possessores pares fiunt et quasi praedones tenentur. et hoc iure hodie utimur: coepit enim scire rem ad se non pertinentem possidere se is qui interpellatur. qui vero praedo est, et ante litem contestatam doli nomine tenebitur: hic est enim dolus praeteritus.

169. l. 82, 2 Dig. de verb. obl. 45, 1.

Ulpianus libro septuagensimo octavo ad edictum Et hic moram videtur fecisse, qui litigare maluit quam restituere.

170. c. 10 Cod. de acq. et ret. poss. 7, 32.

Imp. Constantinus A. ad Maternum (a. 314) Nemo ambigit possessionis duplicem esse rationem, aliam quae iure consistit, aliam quae corpore, utramque autem ita demum esse legitimam, cum omnium adversariorum silentio ac taciturnitate firmetur: interpellatione vero et controversia progressa non posse eum intellegi possessorem, qui, licet corpore teneat, tamen ex interposita contestatione et causa in iudicium deducta super iure possessionis vacillet ac dubitet.

[171. l. 2 Dig. de prob. et praes. 22, 3.

Paulus libro sexagesimo nono ad edictum Ei incumbit probatio qui dicit, non qui negat.

172. l. 21 Dig. de prob. et praes. 22, 3.

Marcianus libro sexto institutionum Verius esse existimo ipsum qui agit, id est legatarium, probare oportere scisse alienam rem vel obligatam legare defunctum, non heredem probare oportere ignorasse alienam vel obligatam, quia semper necessitas probandi incumbit illi qui agit.

173. l. 19 pr. Dig. de prob. et praes. 22, 3.

Ulpianus libro septimo disputationum In exceptionibus dicendum est reum partibus actoris fungi oportere ipsumque exceptionem velut intentionem implere: ut puta si pacti conventi exceptione utatur, docere debet pactum conventum factum esse.

174. l. 25, 2 Dig. de prob. et praes. 22, 3.

Paulus libro tertio quaestionum Sed haec ita, si totam summam indebitam fuisse solutam is qui dedit contendat. sin autem pro parte queritur, quod pars pecuniae solutae debita non est, vel quod ab initio quidem debitum fuit, sed vel dissoluto debito postea ignarus iterum solvit vel exceptione tutus errore eius pecunias dependit: ipsum omnimodo hoc ostendere, quod vel plus debito persolvit vel iam solutam pecuniam per errorem repetita solutione dependit vel tutus exceptione suam nesciens proiecit pecuniam, secundum generalem regulam, quae eos, qui opponendas esse exceptiones adfirmant vel solvisse debita contendunt, haec ostendere exigit.

175. l. 3 Dig. de exc. rei iud. 44, 2.

Ulpianus libro quinto decimo ad edictum Iulianus libro tertio digestorum respondit exceptionem rei iudicatae obstare, quotiens eadem quaestio inter easdem personas revocatur: et ideo et si singulis rebus petitis hereditatem petat vel contra, exceptione summovebitur.

176. c. 2 Cod. quib. res iud. non noc. 7, 56.

Imp. Gordianus A. Athenio (a. 239) Res inter alios iudicatae neque emolumentum adferre his, qui iudicio non interfuerunt, neque praeiudicium solent inrogare. ideoque nepti tuae praeiudicare non potest, quod adversus coheredem eius iudicatum est, si nihil adversus ipsam statutum est.

177. l. 1 Dig. de exc. rei iud. 44, 2.

Ulpianus libro secundo ad edictum Cum res inter alios iudicatae nullum aliis praeiudicium faciant, ex eo testamento, ubi libertas data est [vel legatum, de libertate] vel legato agi potest, licet ruptum vel irritum aut non iustum dicatur testamentum: nec si superatus fuerit legatarius, praeiudicium libertati fit.

178. l. 11, 10 Dig. de exc. rei iud. 44, 2.

Ulpianus libro septuagensimo quinto ad edictum Item si rem, quam a te petierat, Titius pignori Seio dederit, deinde Seius pigneraticia adversus te utatur, distinguendum erit, quando pignori dedit Titius: et si quidem antequam peteret, non oportet ei nocere exceptionem: nam et ille petere debuit et ego salvam habere debeo pigneraticiam actionem. sed si posteaquam petit, pignori dedit, magis est, ut noceat exceptio rei iudicatae.

179. l. 63 Dig. de re iud. 42, 1.

Macer libro secundo de appellationibus Saepe constitutum est res inter alios iudicatas aliis non praeiudicare. quod tamen quandam distinctionem habet: nam sententia inter alios dicta aliis quibusdam etiam scientibus obest, quibusdam vero, etiamsi contra ipsos iudicatum sit, nihil nocet. nam scientibus nihil praeiudicat, veluti si ex duobus heredibus debitoris alter condemnatur: nam alteri integra defensio est, etiamsi cum coherede suo agi scierit. item si ex duobus petitoribus alter victus adquieverit, alterius petitioni non praeiudicatur: idque ita rescriptum est. scientibus sententia, quae inter alios data est, obest, cum quis de ea re, cuius actio vel defensio primum sibi competit, sequentem agere patiatur, veluti si creditor experiri passus sit debitorem de proprietate pignoris, aut maritus socerum vel uxorem de proprietate rei in dote acceptae, aut possessor venditorem de proprietate rei emptae: et haec ita ex multis constitutionibus intellegenda sunt. cur autem his quidem scientia nocet, superioribus vero non nocet, illa ratio est, quod qui scit coheredem suum agere, prohibere eum, quo minus uti velit propria actione vel defensione utatur, non potest: is vero, qui priorem dominum defendere causam patitur, ideo propter scientiam praecriptione rei quamvis inter alios iudicatae summovetur, quia ex voluntate eius de iure, quod ex persona agentis habuit, iudicatum est. nam et si libertus meus me interveniente servus vel libertus alterius iudicetur, mihi praeiudicatur. diversa causa est, si fundum a te Titius petierit, quem ego quoque, sed non ex persona Titii ad me pertinere dico: nam quamvis contra Titium me sciente iudicatum sit, nullum tamen praeiudicium patior, quia neque ex eo iure, quo Titius victus est, vindico, neque potui Titio intercedere, quo minus iure suo utatur, sicuti et de coherede supra diximus.

180. l. 4, 3 Dig. si serv. vind. 8, 5.

Ulpianus libro septimo decimo ad edictum Si fundus, cui iter debetur, plurium sit, unicuique in solidum competit actio, et ita et Pomponius .. scribit: sed in aestimationem id quod interest veniet, scilicet quod eius interest, qui experietur. itaque de iure quidem ipso singuli experientur et victoria et aliis proderit etc.

181. l. 1 Dig. de usurp. et usuc. 41, 3.

Gaius libro vicensimo primo ad edictum provinciale Bono publico usucapio introducta est, ne scilicet quarundam rerum diu et fere semper incerta dominia essent, cum sufficeret dominis ad inquirendas res suas statuti temporis spatium.

182. cap. 20 X de praescriptionibus 2, 26 *(a. 1215).*

Quoniam omne, quod non est ex fide, peccatum est, synodali iudicio diffinimus, ut nulla valeat absque bona fide praescriptio tam canonica quam civilis, quum generaliter sit omni constitutioni atque consuetudini derogandum, quae absque mortali peccato non potest observari. Unde oportet, ut qui praescribit in nulla temporis parte rei habeat conscientiam alienae.

183. l. 5, 6 Dig. de exc. dol. mal. 44, 4.

Paulus libro septuagensimo primo ad edictum Non sicut de dolo actio certo tempore finitur, ita etiam exceptio eodem tempore danda est: nam haec perpetuo competit, cum actor quidem in sua potestate habeat, quando utatur suo iure, is autem cum quo agitur non habeat potestatem, quando conveniatur.

184. l. 3, 4 Dig. de aqua cott. et aest. 43, 20.

Pomponius libro trigensimo quarto ad Sabinum Ductus aquae, cuius origo memoriam excessit, iure constituti loco habetur.

185. l. 28 Dig. de prob. et praes. 22, 3.

Labeo libro septimo pithanon a Paulo epitomatorum Si arbiter animadvertere debeat, an operis facti memoria exstet, hoc ei quaerendum est, an aliquis meminerit id opus factum esse. *Paulus*: immo cum in arbitrio quaeritur, memoria facti operis exstet nec ne, non hoc quaeritur, num aliquis meminerit, quo die aut quo consule factum sit, sed num hoc aliquo modo probari possit, quando id opus factum sit: et hoc ita, quod Graece dici solet ἐν πλάτει. enim potest hoc memoria non teneri: intra annum puta factum, cum interim nemo sit eorum, qui meminerit, quibus consulibus id viderit, sed cum omnium haec est opinio nec audisse nec vidisse, cum id opus fieret, neque ex eis audisse, qui vidissent aut audissent: et hoc infinite similiter susum versum accidet. cum memoria operis facti non exstaret.

186. l. 16 pr. Dig. de minor. 4, 4.

Ulpianus libro undecimo ad edictum In causae cognitione etiam hoc versabitur, num forte alia actio possit competere citra in integrum restitutionem. nam si communi auxilio et mero iure munitus sit, non debet ei tribui extraordinarium auxilium: ut puta cum pupillo contractum est sine tutoris auctoritate nec locupletior factus est.

187. l. 4 Dig. de in integr. rest. 4, 1.

Callistratus libro primo edicti monitorii Scio illud a quibusdam observatum, ne propter satis minimam rem vel summam, si maiori rei vel summae praeiudicetur, audiatur is qui in integrum restitui postulat.

188. l. 1 Dig. de in integr. rest. 4, 1.

Ulpianus libro undecimo ad edictum Utilitas huius tituli non eget commendatione, ipsa enim se ostendit. nam sub hoc titulo plurifariam praetor hominibus vel lapsis vel circumscriptis subvenit, sive metu sive calliditate sive aetate sive absentia inciderunt in captionem,

189. l. 2 Dig. de in integr. rest. 4, 1.

Paulus libro primo sententiarum sive per status mutationem aut iustum errorem.

190. l. 24, 1 Dig. de minor. 4, 4.

Paulus libro primo sententiarum Non semper autem ea, quae cum minoribus geruntur, rescindenda sunt, sed ad bonum et aequum redigenda sunt, ne magno incommodo huius aetatis homines adficiantur nemine cum his contrahente et quodammodo commercio eis interdicatur. itaque nisi aut manifesta circumscriptio sit aut tam neglegenter in ea causa versati sunt, praetor interponere se non debet.

191. l. 11,4 Dig. de minor. 4,4.

Ulpianus libro undecimo ad edictum Item non restituetur, qui sobrie rem suam administrans occasione damni non inconsulte accidentis, sed fato velit restitui: nec enim eventus damni restitutionem indulget, sed inconsulta facilitas. et ita et Pomponius libro vicensimo octavo scripsit. unde Marcellus apud Iulianum notat, si minor sibi servum necessarium comparaverit, mox decesserit, non debere eum restitui: neque enim captus est emendo sibi rem pernecessariam, licet mortalem.

192. l. 1 pr. Dig. de stipul. praet. 46, 5.

Ulpianus libro septuagensimo ad edictum Praetoriarum stipulationum tres videntur esse species, iudiciales cautionales communes.

193. l. 5 Dig. de verb. obl. 45, 1.

Pomponius libro vicensimo sexto ad Sabinum Stipulationum aliae iudiciales sunt, aliae praetoriae, aliae conventionales, aliae communes praetoriae et iudiciales. iudiciales sunt dumtaxat, quae a mero iudicis officio proficiscuntur, veluti de dolo cautio: praetoriae, quae a mero praetoris officio proficiscuntur, veluti damni infecti. praetorias autem stipulationes sic audiri oportet, ut in his contineantur etiam aediliciae: nam et hae ab iurisdictione veniunt. conventionales sunt, quae ex conventione reorum fiunt, quarum totidem genera sunt, quot paene dixerim rerum contrahendarum: nam et ob ipsam verborum obligationem fiunt et pendent ex negotio contracto. communes sunt stipulationes veluti rem salvam fore pupilli: nam et praetor iubet rem salvam fore pupillo caveri et interdum iudex, si aliter expediri haec res non potest: item duplae stipulatio venit ab iudice aut ab aedilis
1 edicto. Stipulatio autem est verborum conceptio, quibus is qui interrogatur daturum facturumve se quod interrogatus est
2 responderit. Satis acceptio est stipulatio, quae ita obligat

promissorem, ut adpromissores quoque ab eo accipiantur, id
3 est qui idem promittunt. Satis autem accipere dictum est eodem modo, quo satis facere: nam quia id, quo quis contentus erat, ei praestabatur, satis fieri dictum est: et similiter quia tales, quibus contentus quis futurus esset, ita dabantur, ut verbis obligarentur, satis accipi dictum est.

194. l. 1 Dig. qu. ex caus. in poss. 42, 4.

Ulpianus libro duodecimo ad edictum Tres fere causae sunt, ex quibus in possessionem mitti solet: rei servandae causa, item legatorum servandorum gratia et ventris nomine. damni enim infecti nomine si non caveatur, non in universorum nomine fit missio, sed rei tantum, de qua damnum timetur.

195. l. 12 Dig. qu. ex caus. in poss. 42, 4.

Pomponius libro vicensimo tertio ad Quintum Mucium Cum legatorum vel fideicommissi servandi causa, vel quia damni infecti nobis non caveatur, bona possidere praetor permittit, vel ventris nomine in possessionem nos mittit, non possidemus, sed magis custodiam rerum et observationem nobis concedit.

II. Sachenrecht.

196. l. 38, 9 Dig. de verb. oblig. 45, 1.

Ulpianus libro quadragensimo nono ad Sabinum 'Habere' dupliciter accipitur: nam et eum habere dicimus, qui rei dominus est et eum, qui dominus quidem non est, sed tenet: denique habere rem apud nos depositam solemus dicere.

197. Gai Institutiones II 40. 41.

Sequitur, ut admoneamus, apud peregrinos quidem unum esse dominium; nam aut dominus quisque est, aut dominus non intellegitur. quo iure etiam populus Romanus olim utebatur: aut enim ex iure Quiritium unusquisque dominus erat, aut non intellegebatur dominus. sed postea divisionem accepit dominium, ut alius possit esse ex iure Quiritium dominus, alius in bonis habere. Nam si tibi rem mancipii neque mancipavero neque in iure cessero, sed tantum tradidero, in bonis quidem tuis ea res efficitur, ex iure Quiritium vero mea permanebit, donec tu eam possidendo usucapias: semel enim impleta usucapione proinde pleno iure incipit, id est et in bonis et ex iure Quiritium tua res esse, ac si ea mancipata vel in iure cessa esset.

198. l. 1, 7 Dig. de arbor. caed. 43, 27.

Ulpianus libro septuagensimo primo ad edictum Deinde ait praetor: 'Quae arbor ex agro tuo in agrum illius impendet, 'si per te stat, quo minus pedes quindecim a terra eam altius 'coerceas, tunc, quo minus illi ita coercere lignaque sibi habere 'liceat, vim fieri veto.'

199. l. 28 D. comm. div. 10, 3.

Papinianus libro septimo quaestionum Sabinus ait in re communi neminem dominorum iure facere quicquam invito altero posse. unde manifestum est prohibendi ius esse: in re enim pari potiorem causam esse prohibentis constat.

200. l. 14, 1 Dig. comm. div. 10, 3.

Paulus libro tertio ad Plautium Impendia autem, quae dum proprium meum fundum existimo feci, quae scilicet, si vindicaretur fundi pars, per exceptionem doli retinere possem, an etiam, si communi dividundo iudicio mecum agetur, aequitate ipsius iudicii retinere possim, considerandum est. quod quidem magis puto, quia bonae fidei iudicium est communi dividundo: sed hoc ita, si mecum agatur. ceterum si alienavero partem meam, non erit unde retinere possim. sed is, qui a me emerit, an retinere possit, videndum est: nam et si vindicaretur ab eo pars, impendiorum nomine, quae ego fecissem, ita ut ego poterat retentionem facere: et verius est, ut et in hac specie expensae retineantur. quae cum ita sint, rectissime dicitur etiam impendiorum nomine utile iudicium dari debere mihi in socium etiam manente rei communione.

201. l. 14, 2 Dig. comm. div. 10, 3.

Paulus libro tertio ad Plautium Si conveniat, ne omnino divisio fiat, huiusmodi pactum nullas vires habere manifestissimum est: sin autem intra certum tempus, quod etiam ipsius rei qualitati prodest, valet.

202. c. 20 Cod. de pactis 2, 3.

Impp. Diocletianus et Maximianus AA. et CC. Martiali (a. 293) Traditionibus et usucapionibus dominia rerum, non nudis pactis transferuntur.

203. l. 10 Dig. de donat. 39, 5.

Paulus libro quinto decimo ad Sabinum Absenti, sive mittas qui ferat, sive quod ipse habeat sibi habere eum iubeas, donari recte potest. sed si nescit rem quae apud se est sibi esse donatam, vel missam sibi non acceperit, donatae rei dominus non fit, etiamsi per servum eius cui donabatur missa fuerit, nisi ea mente servo eius data fuerit, ut statim eius fiat.

204. l. 55 Dig. de obl. et act. 44, 7.

Iavolenus libro duodecimo epistularum In omnibus rebus, quae dominium transferunt, concurrat oportet affectus ex utraque parte contrahentium: nam sive ea venditio sive donatio sive conductio sive quaelibet alia causa contrahendi fuit, nisi animus utriusque consentit, perduci ad effectum id quod inchoatur non potest.

205. Ulpianus lib. sing. reg. 19, 7.

Traditio propria est alienatio rerum nec mancipii. harum rerum dominium ipsa traditione adprehendimus, scilicet si ex iusta causa traditae sunt nobis.

Gai Institutiones II 20.

Itaque si tibi vestem vel aurum vel argentum tradidero sive ex venditionis causa, statim tua fit ea res, si modo ego eius dominus sim.

206. l. 31 pr. Dig. de adq. rer. dom. 41, 1.

Paulus libro trigensimo primo ad edictum Numquam nuda traditio transfert dominium, sed ita, si venditio aut aliqua iusta causa praecesserit, propter quam traditio sequeretur.

207. l. 9, 3 Dig. de adq. rer. dom. 41, 1.

Gaius libro secundo rerum cottidianarum sive aureorum Hae quoque res, quae traditione nostrae fiunt, iure gentium nobis adquiruntur: nihil enim tam conveniens est naturali aequitati quam voluntatem domini volentis rem suam in alium transferre ratam haberi.

208. § 41 Inst. de rer. divis. 2, 1.

Sed si quidem ex causa donationis aut dotis aut qualibet alia ex causa tradantur, sine dubio transferuntur: venditae vero et traditae non aliter emptori adquiruntur, quam si is venditori pretium solverit vel alio modo ei satisfecerit, veluti expromissore aut pignore dato. quod cavetur quidem etiam lege duodecim tabularum: tamen recte dicitur et iure gentium, id est iure naturali, id effici. sed is is qui vendidit fidem emptoris secutus fuerit, dicendum est statim rem emptoris fieri.

209. l. 61 Dig. de pact. 2, 14.

Pomponius libro nono ad Sabinum Nemo paciscendo efficere potest, ne sibi locum suum dedicare liceat aut ne sibi in suo sepelire mortuum liceat aut ne vicino invito praedium alienet.

210. Ulpianus lib. sing. reg. 19, 8.

Usucapio est dominii adeptio per continuationem possessionis anni vel biennii. *cf. l.* 3 *D. de usurp. et usuc.* 41, 3.

210ª. XII tab. 6, 3 *(Cic. top. 4).*

Usus auctoritas fundi biennium est, ceterarum rerum omnium — annuus est usus.

211. l. 5 Dig. pro suo 41, 10.

Neratius libro quinto membranarum Usucapio rerum, etiam ex aliis causis concessa interim, propter ea, quae nostra existimantes possideremus, constituta est, ut aliquis litium finis esset. sed id, quod quis, cum suum esse existimaret, possederit, usucapiet, etiamsi falsa fuerit eius existimatio. quod tamen ita interpretandum est, ut probabilis error possidentis usucapioni non obstet, veluti si ob id aliquid possideam, quod servum meum aut eius, cuius in locum hereditario iure successi, emisse id falso existimem, quia in alieni facti ignorantia tolerabilis error est.

212. § 12 Inst. de rer. divis. 2, 1.

Ferae igitur bestiae et volucres et pisces, id est omnia animalia, quae in terra mari caelo nascuntur, simulatque ab aliquo capta fuerint, iure gentium statim illius esse incipiunt: quod enim ante nullius est, id naturali ratione occupanti conceditur. nec interest, feras bestias et volucres utrum in suo fundo quisque capiat, an in alieno: plane qui in alienum fundum ingreditur venandi aut aucupandi gratia, potest a domino, si is providerit, prohiberi ne ingrediatur. quidquid autem eorum ceperis, eo usque tuum esse intellegitur, donec tua custodia coercetur: cum vero evaserit custodiam tuam et in naturalem libertatem se receperit, tuum esse desinit et rursus occupantis fit. naturalem autem libertatem recipere intellegitur, cum vel oculos tuos effugerit vel ita sit in conspectu tuo, ut difficilis sit eius persecutio.

213. l. 7, 10 Dig. de adq. rer. dom. 41, 1.

Gaius libro secundo rerum cottidianarum sive aureorum Cum in suo loco aliquis aliena materia aedificaverit, ipse dominus intellegitur aedificii, quia omne quod inaedificatur solo cedit. nec tamen ideo is qui materiae dominus fuit desiit eius dominus esse: sed tantisper neque vindicare eam potest neque ad exhibendum de ea agere propter legem duodecim tabularum, qua cavetur, ne quis tignum alienum aedibus suis iunctum eximere cogatur, sed duplum pro eo praestet. appellatione autem tigni omnes materiae significantur, ex quibus aedificia fiunt. ergo si aliqua ex causa dirutum sit aedificium, poterit materiae dominus nunc eam vindicare et ad exhibendum agere.

214. XII tab. 6, 7 *(Festus s. v. tignum pag. 364).*

Tignum iunctum aedibus vineave et concapit ne solvito.

215. l. 23, 6 Dig. de rei vind. 6, 1.

Paulus libro vicensimo primo ad edictum Tignum alienum aedibus iunctum nec vindicari potest propter legem duodecim tabularum, nec eo nomine ad exhibendum agi nisi adversus eum, qui sciens alienum iunxit aedibus: sed est actio antiqua de tigno iuncto, quae in duplum ex lege duodecim tabularum descendit.

216. l. 26, 1 Dig. de adq. rer. dom. 41, 1.

Paulus libro quarto decimo ad Sabinum Arbor radicitus eruta et in alio posita priusquam coaluerit, prioris domini est, ubi coaluit, agro cedit, et si rursus eruta sit, non ad priorem dominum revertitur: nam credibile est alio terrae alimento aliam factam.

217. l. 29, 1 Dig. de auro arg. 34, 2.

Florentinus libro undecimo institutionum Utra autem utrius materiae sit accessio, visu atque usu rei, consuetudinis patris familias aestimandum est.

218. l. 7, 3 Dig. de adq. rer. dom. 41, 1.

Gaius libro secundo rerum cottidianarum sive aureorum Insula quae in mari nascitur (quod raro accidit) occupantis fit: nullius enim esse creditur. in flumine nata (quod frequenter accidit), si quidem mediam partem fluminis tenet, communis est eorum, qui ab utraque parte fluminis prope ripam praedia possident, pro modo latitudinis cuiusque praedii, quae latidudo prope ripam sit: quod si alteri parti proximior sit, eorum est tantum, qui ab ea parte prope ripam praedia possident.

219. l. 31, 1 Dig. de adq. rer. dom. 41, 1.

Paulus libro trigensimo primo ad edictum Thensaurus est vetus quaedam depositio pecuniae, cuius non exstat memoria, ut iam dominum non habeat: sic enim fit eius qui invenerit, quod non alterius sit. alioquin si quis aliquid vel lucri causa vel metus vel custodiae condiderit sub terra, non est thensaurus: cuius etiam furtum fit.

220. l. 12, 5 Dig. de usufr. 7, 1.

Ulpianus libro septimo decimo ad Sabinum Iulianus libro trigensimo quinto digestorum tractat, si fur decerpserit vel desecuerit fructus maturos pendentes, cui condictione teneatur, domino fundi an fructuario? et putat, quoniam fructus non fiunt fructuarii, nisi ab eo percipiantur, licet ab alio terra separentur, magis proprietario condictionem competere, fructuario autem furti actionem, quoniam interfuit eius fructus non esse ablatos. Marcellus autem movetur eo, quod, si postea fructus istos nactus fuerit fructuarius, fortassis fiant eius: nam si fiunt, qua ratione hoc evenit? nisi ea, ut interim fierent proprietarii, mox adprehensi fructuarii efficientur, exemplo rei sub condicione legatae, quae interim heredis est, existente autem condicione ad legatarium transit. verum est enim condictionem competere proprietario: cum autem in pendenti est dominium (ut ipse Iulianus ait in fetu qui summittitur et in eo quod servus fructuarius per traditionem accepit nondum quidem pretio soluto, sed tamen ab eo satisfacto), dicendum est condictionem pendere magisque in pendenti esse dominium.

221. l. 4, 1 Dig. de reb. cred. 12, 1.

Ulpianus libro trigensimo quarto ad Sabinum Res pignori data pecunia soluta condici potest. et fructus ex iniusta causa percepti condicendi sunt: nam et si colonus post lustrum completum fructus perceperit, condici eos constat ita demum, si non ex voluntate domini percepti sunt: nam si ex voluntate, procul dubio cessat condictio.

222. Gai Institutiones IV 148.

Retinendae possessionis causa solet interdictum reddi, cum ab utraque parte de proprietate alicuius rei controversia est, et ante quaeritur, uter ex litigatoribus possidere et uter petere debeat; cuius rei gratia conparata sunt uti possidetis et utrubi.

223. Festus s. v. possessio. *pag.* 233 *M.*

Possessio est, ut definit Gallus Aelius, usus quidem agri aut aedificii, non ipse fundus aut ager; non enim possessio est e rebus, quae tangi possint *neque*, qui dicit se possidere, is *suam rem* vere potest dicere. Itaque in legitimis actionibus nemo ex iure Quiritium possessionem suam vocare audet, sed ad interdictum venit, ut praetor his verbis utatur: 'uti nunc possidetis eum fundum, quo de agitur, quod nec vi nec clam nec precario alter ab altero possidetis, *quo minus* ita possideatis, adversus ea vim fieri veto.'

224. Cic. de lege agraria III c. 2 § 7.

Qui post Marium et Carbonem consules agri, aedificia, lacus, stagna, loca, possessiones publice data, assignata, vendita, concessa sunt, ea omnia eo iure sint, ut quae optimo iure privata sunt.

225. l. 12, 1 Dig. de adq. vel amitt. poss. 41, 2.

Ulpianus libro septuagensimo ad edictum Nihil commune habet proprietas cum possessione: et ideo non denegatur ei interdictum uti possidetis, qui coepit rem vindicare: non enim videtur possessioni renuntiasse, qui rem vindicavit.

226. l. 1, 2 Dig. uti poss. 43, 17.

Ulpianus libro sexagesimo nono ad edictum Huius autem interdicti proponendi causa haec fuit, quod separata esse debet possessio a proprietate: fieri etenim potest, ut alter possessor sit, dominus non sit, alter dominus quidem sit, possessor vero non sit: fieri potest, ut et possessor idem et dominus sit.

227. Gai Institutiones IV 153.

Possidere autem videmur non solum, si ipsi possideamus, sed etiam si nostro nomine aliquis in possessione sit, licet is nostro iuri subiectus non sit, qualis est colonus et inquilinus: per eos quoque, apud quos deposuerimus, aut quibus commodaverimus, aut quibus gratuitam habitationem praestiterimus, ipsi possidere videmur; et hoc est quod vulgo dicitur retineri possessionem posse per quemlibet, qui nostro nomine sit in possessione. quin etiam plerique putant animo quoque retineri possessio⟨nem, id est ut quamvis neque ipsi simus in possessione⟩ neque nostro nomine alius, tamen si non relinquendae possessionis animo sed postea reversuri inde discesserimus, retinere possessionem videamur. adipisci vero possessionem per quos possimus, secundo commentario rettulimus; nec ulla dubitatio est, quin animo possessionem adipisci non possimus.

228. l. 6, 2 Dig. de prec. 43, 26.

Ulpianus libro septuagensimo primo ad edictum Is qui rogavit, ut precario in fundo moretur, non possidet, sed possessio apud eum qui concessit remanet: nam et fructuarius, inquit, et colonus et inquilinus sunt in praedio et tamen non possident.

229. l. 3, 1 Dig. de adq. vel amitt. poss. 41, 2.

Paulus libro quinquagensimo quarto ad edictum Et apiscimur possessionem corpore et animo, neque per se animo aut per se corpore. quod autem diximus et corpore et animo adquirere nos debere possessionem, non utique ita accipiendum est, ut qui fundum possidere velit, omnes glebas circumambulet: sed sufficit quamlibet partem eius fundi introire, dum mente et cogitatione hac sit, uti totum fundum usque ad terminum velit possidere.

230. l. 1, 21 Dig. de adq. vel. amitt. poss. 41, 2.

Paulus libro quinquagensimo quarto ad edictum Si iusserim venditorem procuratori rem tradere, cum ea in praesentia sit, videri mihi traditam Priscus ait, idemque esse, si nummos debitorem iusserim alii dare. non esse enim corpore et tactu necesse adprehendere possessionem, sed etiam oculis et affectu argumento esse eas res, quae propter magnitudinem ponderis moveri non possunt, ut columnas, nam pro traditis eas haberi, si in re praesenti consenserint: et vina tradita videri, cum claves cellae vinariae emptori traditae fuerint.

231. l. 79 Dig. de solut. et liberat. 46, 3.

Iavolenus libro decimo epistularum Pecuniam, quam mihi debes, aut aliam rem si in conspectu meo ponere te iubeam, efficitur, ut et tu statim ligereris, et mea esse incipiat: nam tum, quod a nullo corporaliter eius rei possessio detinetur, adquisita mihi et quodammodo manu longa tradita existimanda est.

232. l. 18, 2 Dig. de adq. vel amitt. poss. 41, 2.

Celsus libro vicensimo tertio digestorum Si venditorem quod emerim deponere in mea domo iusserim, possidere me certum est, quamquam id nemo dum attigerit: aut si vicinum mihi fundum mercato venditor in mea turre demonstret vacuamque se possessionem tradere dicat, non minus possidere coepi, quam si pedem finibus intulissem.

233. l. 55 Dig. de adq. rer. dom. 41, 1.

Proculus libro secundo epistularum In laqueum, quem venandi causa posueras, aper incidit: cum eo haereret, exemptum eum abstuli: num tibi videor tuum aprum abstulisse? et si tuum putas fuisse, si solutum eum in silvam dimisissem, eo casu tuus esse desisset an maneret? et quam actionem mecum haberes, si desisset tuus esse, num in factum dari oporteret, quaero. respondit: laqueum videamus ne intersit in publico an in privato posuerim et, si in privato posui, utrum in meo an in alieno, et, si in alieno, utrum permissu eius cuius fundus erat an non permissu eius posuerim: praeterea utrum in eo ita haeserit aper, ut expedire se non possit ipse, an diutius luctando expediturus se fuerit. summam tamen hanc puto esse, ut, si in meam potestatem pervenit, meus factus sit. sin autem aprum meum ferum in suam naturalem laxitatem dimisisses et eo facto meus esse desisset, actionem mihi in factum dari oportere, veluti responsum est, cum quidam poculum alterius ex nave eiecisset.

234. Paulus Sent. V 2, 1.

Possessionem adquirimus et animo et corpore: animo utique nostro, corpore vel nostro vel alieno.

235. l. 3, 12 Dig. de adq. vel amitt. poss. 41, 2.

Paulus libro quinquagensimo quarto ad edictum Ceterum animo nostro, corpore etiam alieno possidemus, sicut diximus per colonum et servum, nec movere nos debet, quod quasdam *res* etiam ignorantes possidemus, id est quas servi peculiariter paraverunt: nam videmur eas eorundem et animo et corpore possidere.

236. l. 13 pr. Dig. de adq. rer. dom. 41, 1.

Neratius libro sexto regularum Si procurator rem mihi emerit ex mandato meo eique sit tradita meo nomine, dominium mihi, id est proprietas, adquiritur etiam ignoranti.

237. l. 42, 1 Dig. de adq. vel amitt. poss. 41, 2.

Ulpianus libro quarto regularum Procurator si quidem mandante domino rem emerit, protinus illi adquirit possessionem: quod si sua sponte emerit, non nisi ratam habuerit dominus emptionem.

238. l. 37, 6 Dig. de adq. rer. dom. 41, 1.

Iulianus libro quadragensimo quarto digestorum Si, cum mihi donare velles, iusserim te servo communi meo et Titii rem tradere isque hac mente acciperet, ut rem Titii faceret, nihil agetur: nam et si procuratori meo rem tradideris, ut meam faceres, is hac mente acceperit, ut suam faceret, nihil agetur. quod si servus communis hac mente acceperit, ut duorum dominorum faceret, in parte alterius domini nihil agetur.

239. l. 18 pr. Dig. de adq. vel amitt. poss. 41, 2.

Celsus libro vicensimo tertio digestorum Quod meo nomine possideo, possum alieno nomine possidere: nec enim muto mihi causam possessionis, sed desino possidere et alium possessorem ministerio meo facio. nec idem est possidere et alieno nomine possidere: nam possidet, cuius nomine possidetur, procurator alienae possessioni praestat ministerium.

240. l. 44, 2 Dig. de adq. vel amitt. poss. 41, 2.

Papinianus libro vicensimo tertio quaestionum Quibus explicitis, cum de amittenda possessione quaeratur, multum interesse dicam, per nosmet ipsos an per alios possideremus: nam eius quidem, quod corpore nostro teneremus, possessionem amitti vel animo vel etiam corpore, si modo eo animo inde digressi fuissemus, ne possideremus: eius vero, quod servi vel etiam coloni corpore possidetur, non aliter amitti possessionem, quam eam alius ingressus fuisset, eamque amitti nobis quoque ignorantibus.

241. l. 153 Dig. de reg. iur. 50, 17.

Paulus libro sexagensimo quinto ad edictum Fere quibuscumque modis obligamur, isdem in contrarium actis liberamur, cum quibus modis adquirimus, isdem in contrarium actis amittimus. ut igitur nulla possessio adquiri nisi animo et corpore potest, ita nulla amittitur, nisi in qua utrumque in contrarium actum est.

242. l. 3, 8 Dig. de adq. vel amitt. poss. 41, 2.

Paulus libro quinquagensimo quarto ad edictum Si quis nuntiet domum a latronibus occupatam et dominus timore conterritus noluerit accedere, amisisse eum possessionem placet. quod si servus vel colonus, per quos corpore possidebam, decesserint discesserintve, animo retinebo possessionem.

243. l. 6, 1 Dig. de adq. vel amitt. poss. 41, 2.

Ulpianus libro septuagensimo ad edictum Qui ad nundinas profectus neminem reliquerit et, dum ille a nundinis redit, aliquis occupaverit possessionem, videri eum clam possidere Labeo scribit: retinet ergo possessionem is, qui ad nundinas abiit: verum si revertentem dominum non admiserit, vi magis intellegi possidere, non clam.

244. l. 18, 3 Dig. de adq. vel amitt. poss. 41, 2.

Celsus libro vicensimo tertio digestorum Si, dum in alia parte fundi sum, alius quis clam animo possessoris intraverit, non desisse ilico possidere existimandus sum, facile expulsurus finibus, simul sciero.

245. l. 23 pr. Dig. de adq. vel amitt. poss. 41, 2.

Iavolenus libro primo epistularum Cum heredes instituti sumus, adita hereditate omnia quidem iura ad nos transeunt, possessio tamen nisi naturaliter comprehensa ad nos non pertinet.

246. l. 47 Dig. de adq. vel amitt. poss. 41, 2.

Papinianus libro vicensimo sexto quaestionum Si rem mobilem, apud te depositam aut ex commodato tibi *permissam*, possidere neque reddere constitueris, confestim amisisse me possessionem vel ignorantem responsum est: cuius rei forsitan illa ratio est, quod rerum mobilium neglecta atque omissa custodia, quamvis eas nemo alius invaserit, veteris possessionis damnum adferre consuevit: idque Nerva filius libris de usucapionibus rettulit. idem scribit aliam causam esse hominis commodati omissa custodia: nam possessionem tamdiu veterem *retin*eri, quamdiu nemo alius eum possidere coeperit, videlicet ideo, quia potest homo proposito redeundi domino possessionem sui conservare, cuius corpore ceteras quoque res possumus possidere. igitur earum quidem rerum, quae ratione vel anima carent, confestim amittitur possessio, homines autem retinentur, si revertendi animum haberent.

247. l. 9 Dig. de rei vind. 6, 1.

Ulpianus libro sexto decimo ad edictum Officium autem iudicis in hac actione in hoc erit, ut iudex inspiciat, an reus possideat: nec ad rem pertinebit, ex qua causa possideat: ubi enim probavi rem meam esse, necesse habebit possessor restituere, qui non obiecit aliquam exceptionem. quidam tamen, ut Pegasus, eam solam possessionem putaverunt hanc actionem complecti, quae locum habet in interdicto uti possidetis vel utrubi. denique ait ab eo, apud quem deposita est vel commodata vel qui conduxerit aut qui legatorum servandorum causa vel dotis ventrisve nomine in possessione esset vel cui damni infecti nomine non cavebatur, quia hi omnes non possident, vindicari non posse. puto autem ab omnibus, qui tenent et habent restituendi facultatem, peti posse.

248. § 2 Inst. de actionibus 4, 6.

Aeque si agat ius sibi esse fundo forte vel aedibus utendi fruendi vel per fundum vicini eundi agendi vel ex fundo vicini aquam ducendi, in rem actio est. eiusdem generis est actio de iure praediorum urbanorum, veluti si agat ius sibi esse altius aedes suas tollendi prospiciendive vel proiciendi aliquid vel immittendi in vicini aedes. contra quoque de usu fructu et de servitutibus praediorum rusticorum, item praediorum urbanorum invicem quoque proditae sunt actiones, ut quis intendat ius non esse adversario utendi fruendi, eundi agendi aquamve ducendi, item altius tollendi prospiciendi proiciendi immittendi: istae quoque actiones in rem sunt, sed negativae. quod genus actionis in controversiis rerum corporalium proditum non est: nam in his is agit qui non possidet: ei vero qui possidet non est actio prodita, per quam neget rem actoris esse. sane uno casu qui possidet nihilo minus actoris partes optinet, sicut in latioribus digestorum libris opportunius apparebit.

249. l. 1, 3 Dig. de rei vind. 6, 1.

Ulpianus libro sexto decimo ad edictum Per hanc autem actionem non solum singulae res vindicabuntur, sed posse etiam gregem vindicari Pomponius libro lectionum vicensimo quinto scribit. idem et de armento et de equitio ceterisque, quae gregatim habentur, dicendum est. sed enim gregem sufficiet ipsum nostrum esse, licet singula capita nostra non sint: grex enim, non singula corpora vindicabuntur.

250. l. 79 Dig. de verb. signif. 50, 16.

Paulus libro sexto ad Plautium 'Impensae necessariae' sunt, quae si factae non sint, res aut peritura aut deterior futura sit. 'Utiles impensas' esse Fulcinius ait, quae meliorem dotem faciant, non deteriorem esse non sinant, ex quibus reditus mulieri adquiratur: sicuti arbusti pastinationem ultra quam necesse fuerat, item doctrinam puerorum. quorum nomine onerari mulierem ignorantem vel invitam non oportet, ne cogatur fundo aut mancipiis carere. in his impensis et pistrinum et horreum insulae dotali adiectum plerumque dicemus. 'Voluptariae' sunt, quae speciem dumtaxat ornant, non etiam fructum augent: ut sunt viridia et aquae salientes, incrustationes, loricationes, picturae.

251. l. 1 pr. Dig. de Publiciana 6, 2.

Ulpianus libro sexto decimo ad edictum Ait praetor: 'Si 'quis id quod traditur ex iusta causa non a domino et non- 'dum usucaptum petet, iudicium dabo'.

252. l. 1 Dig. fin. reg. 10, 1.

Paulus libro vicensimo tertio ad edictum Finium regundorum actio in personam est, licet pro vindicatione rei est.

253. l. 4, 10 Dig. fin. reg. 10, 1.

Paulus libro vicensimo tertio ad edictum Hoc iudicium locum habet in confinio praediorum rusticorum: nam in confinio praediorum urbanorum displicuit, neque enim confines hi, sed magis vicini dicuntur et ea communibus parietibus plerumque disterminantur. et ideo et si in agris aedificia iuncta sint, locus huic actioni non erit: et in urbe hortorum latitudo contingere potest, ut etiam finium regundorum agi possit.

254. l. 2 Dig. de damno infecto 39, 2.

Gaius libro vicensimo octavo ad edictum provinciale Damnum infectum est damnum nondum factum, quod futurum veremur.

255. l. 24, 2 Dig. de damno infecto 39, 2.

Ulpianus libro octogensimo primo ad edictum Sed ut ne quid aedium loci operisve vitio damnum factum sit, stipulatio interponitur de eo sine satisdatione: quae non solum ad totas aedes, sed etiam ad partem aedium pertinet. vitium autem aedium et loci esse Labeo ait, quod accidens extrinsecus infirmiores eas facit: denique nemo dixit palustris loci vel harenosi nomine quasi vitiosi committi stipulationem, quia naturale vitium est: et ideo nec ea stipulatio interponitur neque interposita committetur.

256. l. 24, 4 Dig. de damno infecto 39, 2.

Ulpianus libro octogensimo primo ad edictum Servius quoque putat, si ex aedibus promissoris vento tegulae deiectae damnum vicino dederint, ita eum teneri, si aedificii vitio id acciderit, non si violentia ventorum vel qua alia ratione, quae vim habet divinam. Labeo et rationem adicit, quod, si hoc non admittatur, iniquum erit: quod enim tam firmum aedificium est, ut fluminis aut maris aut tempestatis aut ruinae incendii aut terrae motus vim sustinere possit?

257. l. 24, 9 Dig. de damno infecto 39, 2.

Ulpianus libro octogensimo primo ad edictum Item apud Vivianum relatum est, si ex agro vicini arbores vi tempestatis confractae in meum agrum deciderint eoque facto vitibus meis vel segetibus nocent vel aedificia demoliunt, stipulationem istam, in qua haec comprehenduntur 'si quid arborum locive 'vitio acciderit', non esse utilem, quia non arborum vitio, sed vi ventorum damnum mihi datum est. plane si vetustate arborum hoc fiebat, possumus dicere vitio arborum damnum mihi dari.

258. l. 18 pr. Dig. de damno infecto 39, 2.

Paulus libro quadragensimo octavo ad edictum Damni infecti stipulatio competit non tantum ei, cuius in bonis res est, sed etiam cuius periculo res est.

259. l. 7 pr. Dig. de damno infecto 39, 2.

Ulpianus libro quinquagensimo tertio ad edictum Praetor ait: 'damni infecti suo nomine promitti, alieno satisdari 'iubebo ei, qui iuraverit non calumniae causa id se postulare 'eumve cuius nomine aget postulaturum fuisse, in eam diem, 'quam causa cognita statuero. si controversia erit, dominus 'sit nec ne qui cavebit, sub exceptione satisdari iubebo. de 'eo opere, quod in flumine publico ripave eius fiet, in annos 'decem satisdari iubebo. eum, cui ita non cavebitur, in 'possessionem eius rei, cuius nomine ut caveatur postulabitur, 'ire et, cum iusta causa esse videbitur, etiam possidere iubebo. 'in eum, qui neque caverit neque in possessione esse neque 'possidere passus erit, iudicium dabo, ut tantum praestet, 'quantum praestare eum oporteret, si de ea re ex decreto 'meo eiusve, cuius de ea re iurisdictio fuit quae mea est, 'cautum fuisset. eius rei nomine, in cuius possessionem 'misero, si ab eo, qui in possessione erit, damni infecti 'nomine satisdabitur, eum, cui non satisdabitur, simul in 'possessione esse iubebo'.

260. l. 9 pr. Dig. de damno infecto 39, 2.

Ulpianus libro quinquagensimo tertio ad edictum Hoc amplius Iulianus posse dici compellendum eum, ut etiam de praeterito damno caveret: quod enim re integra custoditur, hoc non inique etiam post ruinam aedium praestabitur. integra autem re unusquisque cogitur aut de damno infecto cavere, aut aedibus carere quas non defendit. denique, inquit, si quis propter angustias temporis aut quia rei publicae causa aberat non potuerit damni infecti stipulari, non inique praetorem curaturum, ut dominus vitiosarum aedium aut damnum sarciat aut aedibus careat. sententiam Iuliani utilitas comprobat

261. l. 2 pr. Dig. de aquae pluv. arc. 39, 3.

Paulus libro quadragensimo nono ad edictum In summa tria sunt, per quae inferior locus superiori servit, lex, natura loci, vetustas: quae semper pro lege habetur, minuendarum scilicet litium causa.

262. l. 1, 1 Dig. de aquae pluv. arc. 39, 3.

Ulpianus libro quinquagensimo tertio ad edictum Haec autem actio locum habet in damno nondum facto, opere tamen iam facto, hoc est de eo opere, ex quo damnum timetur: totiensque locum habet, quotiens manu facto opere agro aqua nocitura est, id est cum quis manu fecerit, quo aliter flueret, quam natura soleret, si forte immittendo eam aut maiorem fecerit aut citatiorem aut vehementiorem aut si comprimendo redundare effecit. quod si natura aqua noceret, ea actione non continentur.

263. l. 8, 4 Dig. de op. nov. nunt. 39, 1.

Paulus libro quadragensimo octavo ad edictum Sciendum est facta operis novi nuntiatione cui nuntiatum est abstinere oportere, donec caveat vel donec remissio nuntiationis fiat: tunc enim, si ius aedificandi habet, recte aedificabit.

264. l. 20, 9. 10 Dig. de op. nov. nunt. 39, 1.

Ulpianus libro septuagensimo primo ad edictum Deinde ait praetor: 'Quem in locum nuntiatum est, ne quid operis 'novi fieret, qua de re agitur, si de ea re satisdatum est, 'quod eius cautum sit aut per te stat, quo minus satisdetur: 'quo minus illi in eo loco opus facere liceat, vim fieri veto'. Hoc interdictum prohibitorium est, ne quis prohibeat facere volentem eum qui satisdedit: etenim pertinet ad decus urbium aedificia non derelinqui.

265. l. 1 pr. § 1 Dig. quod vi aut clam 43, 24.

Ulpianus libro septuagensimo primo ad edictum Praetor ait: 'Quod vi aut clam factum est, qua de re agitur, id cum 'experiendi potestas est, restituas'. Hoc interdictum restitutorium est et per hoc occursum est calliditati eorum, qui vi aut clam quaedam moliuntur: iubentur enim ea restituere.

266. l. 1 pr. Dig. uti possidetis 43, 17.

Ulpianus libro sexagensimo nono ad edictum Ait praetor: 'Uti eas aedes, quibus de agitur, nec vi nec clam nec precario 'alter ab altero possidetis, quo minus ita possideatis, vim fieri 'veto. de cloacis hoc interdictum non dabo. neque pluris, 'quam quanti res erit: intra annum, quo primum experiundi 'potestas fuerit, agere permittam'. *cf. nr. 223.*

267. l. 24 Dig. de rei vind. 6, 1.

Gaius libro septimo ad edictum provinciale Is qui destinavit rem petere animadvertere debet, an aliquo interdicto possit nancisci possessionem, quia longe commodius est ipsum possidere et adversarium ad onera petitoris compellere quam alio possidente petere.

268. l. un. Dig. utrubi 43, 31.

Ulpianus libro septuagensimo secundo ad edictum Praetor ait: 'Utrubi hic homo, quo de agitur, maiore parte huiusce 'anni fuit, quo minus is eum ducat, vim fieri veto'. Hoc interdictum de possessione rerum mobilium locum habet: sed optinuit vim eius exaequatam fuisse uti possidetis interdicto, quod de rebus soli competit, ut is et in hoc interdicto vincat, qui nec vi nec clam nec precario, dum super hoc ab adversario inquietatur, possessionem habet.

269. Gaius Institutiones IV 152.

Annus autem retrorsus numeratur: itaque si tu verbi gratia VIII mensibus possederis prioribus, et ego VII posterioribus, ego potior ero, quod trium priorum mensium possessio nihil tibi in hoc interdicto prodest, quod alterius anni possessio est.

270. l. 156 Dig. de verb. signif. 50, 16.

Licinnius Rufinus libro decimo regularum 'Maiore parte 'anni' possedisse quis intellegitur, etiamsi duobus mensibus possederit, si modo adversarius eius aut paucioribus diebus aut nullis possederit.

271. § 4a. Inst. de interd. 4, 15.

Sed interdicto quidem uti possidetis de fundi vel aedium possessione contenditur, utrubi vero interdicto de rerum mobilium possessione. quorum vis et potestas plurimam inter se differentiam apud veteres habebat: nam uti possidetis interdicto is vincebat, qui interdicti tempore possidebat, si modo nec vi nec clam nec precario nanctus fuerat ab adversario possessionem, etiamsi alium vi expulerit aut clam abripuerit alienam possessionem aut precario rogaverat aliquem, ut sibi possidere liceret: utrubi vero interdicto is vincebat, qui maiore parte eius anni nec vi nec clam nec precario ab adversario possidebat. hodie tamen aliter observatur: nam utriusque interdicti potestas quantum ad possessionem pertinet exaequata est, ut ille vincat et in re soli et in re mobili, qui possessionem nec vi nec clam nec precario ab adversario litis contestationis tempore detinet.

272. l. 13, 3 Dig. de usufr. 7, 1.

Sed si inter duos fructuarios sit controversia, Iulianus libro trigensimo octavo digestorum scribit aequissimum esse quasi communi dividundo iudicium dari vel stipulatione inter se eos cavere, qualiter fruantur: cur enim, inquit Iulianus, ad arma et rixam procedere patiatur praetor, quos potest iurisdictione sua componere? quam sententiam Celsus quoque libro vicensimo digestorum probat, et ego puto veram.

273. Cic. pro Caecina c. 19 § 55 sq.

Unde tu aut familia aut procurator tuus illum vi hominibus coactis armatisve deiecisti, eo restituas.

274. c(anon) 3 C(ausa) 3 qu(aestio) 1.

Redintegranda sunt omnia exspoliatis vel eiectis episcopis praesentialiter ordinatione pontificum et in eo loco, unde abscesserant, funditus revocanda, quacumque condicione temporis aut captivitate aut dolo aut violentia maiorum aut per quascumque iniustas causas res ecclesiae vel proprias aut substantias suas perdidisse noscuntur, ante accusationem aut regularum ad synodum vocationem eorum.

275. cap. 18 X de rest. spol. 2, 13 (*a. 1215*).

Saepe contingit, quod spoliatus iniuste, per spoliatorem in alium re translata, dum adversus possessorem non subvenitur per restitutionis beneficium spoliato, commodo possessionis amisso propter difficultatem probationum iuris proprietatis amittit effectum. Unde non obstante iuris civilis rigore sancimus, ut si quis de cetero scienter rem talem receperit, cum spoliatori quasi succedat in vitium, eo quod non multum intersit, praesertim quoad periculum animae, iniuste detinere ac invadere alienum, contra possessorem huiusmodi spoliato per restitutionis beneficium succurratur.

276. l. 1 Dig. de serv. 8, 1.

Marcianus libro tertio regularum Servitutes aut personarum sunt, ut usus et usus fructus, aut rerum, ut servitutes rusticorum praediorum et urbanorum.

277. l. 26 Dig. de serv. praed. urban. 8, 2.

Paulus libro quinto decimo ad Sabinum In re communi nemo dominorum iure servitutis neque facere quicquam invito altero potest neque prohibere, quo minus alter faciat: nulli enim res sua servit. itaque propter immensas contentiones plerumque res ad divisionem pervenit. sed per communi dividundo actionem consequitur socius, quo minus opus fiat aut ut id opus quod fecit tollat, si modo toti societati prodest opus tolli.

278. l. 14, 3 Dig. de usu et habit. 7, 8.

Ulpianus libro septimo decimo ad Sabinum Poterit autem apud alium esse usus, apud alium fructus sine usu, apud alium proprietas: veluti si qui habet fundum, legaverit Titio usum, mox heres eius tibi fructum legaverit vel alio modo constituerit.

279. pr. Inst. de usu fructu 2, 4.

Usus fructus est ius alienis rebus utendi fruendi salva rerum substantia. est enim ius in corpore: quo sublato et ipsum tolli necesse est.

280. l. 15, 1 Dig. de usu fructu 7, 1.

Ulpianus libro octavo decimo ad Sabinum Mancipiorum quoque usu fructu legato non debet abuti, sed secundum condicionem eorum uti: nam si librarium rus mittat et qualum et calcem portare cogat, histrionem balniatorem faciat, vel de symphonia atriensem, vel de palaestra stercorandis latrinis praeponat, abuti videbitur proprietate.

281. l. 1 pr. Dig. usufructuar. quemadmod. cav. 7, 9.

Ulpianus libro septuagensimo nono ad edictum Si cuius rei usus fructus legatus sit, aequissimum praetori visum est de utroque legatarium cavere: et usurum se boni viri arbitratu et, cum usus fructus ad eum pertinere desinet, restituturum quod inde exstabit.

282. § 2 Inst. de usu fructu 2, 4.

Constituitur autem usus fructus non tantum in fundo et aedibus, verum etiam in servis et iumentis ceterisque rebus exceptis his quae ipso usu consumuntur: nam eae neque naturali ratione neque civili recipiunt usum fructum. quo numero sunt vinum oleum frumentum vestimenta. quibus proxima est pecunia numerata: namque in ipso usu adsidua permutatione quodammodo extinguitur. sed utilitatis causa senatus censuit posse etiam earum rerum usum fructum constitui, ut tamen eo nomine heredi utiliter caveatur. itaque si pecuniae usus fructus legatus sit, ita datur legatario, ut eius fiat, et legatarius satisdat heredi de tanta pecunia restituenda, si morietur aut capite minuetur. ceterae quoque res ita traduntur legatario, ut eius fiant: sed aestimatis his satisdatur, ut, si morietur aut capite minuetur, tanta pecunia restituatur, quanti eae fuerint aestimatae. ergo senatus non fecit quidem earum rerum usum fructum (nec enim poterat), sed per cautionem quasi usum fructum constituit.

283. l. 4, 1 Dig. de usu et habit. 7, 8.

Ulpianus libro septimo decimo ad Sabinum Mulieri autem si usus relictus sit, posse eam et cum marito habitare Quintus Mucius primus admisit, ne ei matrimonio carendum foret, cum uti vult domo. nam per contrarium quin uxor cum marito possit habitare, nec fuit dubitatum. quid ergo si viduae legatus sit, an nuptiis contractis post constitutum usum mulier habitare cum marito possit? et est verum, ut et Pomponius libro quinto et Papinianus libro nono decimo quaestionum probat, posse eam cum viro et postea nubentem habitare. hoc amplius Pomponius ait et cum socero habitaturam.

284. l. 19 Dig. de usu et habit. 7, 8.

Paulus libro tertio ad Vitellium Usus pars legari non potest: nam frui quidem pro parte possumus, uti pro parte non possumus.

285. l. 86 Dig. de verb. signif. 50, 16.

Celsus libro quinto digestorum Quid aliud sunt 'iura praediorum' quam praedia qualiterqualiter se habentia: ut bonitas, salubritas, amplitudo?

286. l. 8 pr. Dig. de servitut. 8, 1.

Paulus libro quinto decimo ad Plautium Ut pomum decerpere liceat et ut spatiari et ut cenare in alieno possimus, servitus imponi non potest.

287. l. 28 Dig. de servitut. praet. urban. 8, 2.

Paulus libro quinto decimo ad Sabinum Foramen in imo pariete conclavis vel triclinii, quod esset proluendi pavimenti causa, id neque flumen esse neque tempore adquiri placuit. hoc ita verum est, si in eum locum nihil ex caelo aquae veniat (neque enim perpetuam causam habet quod manu fit): at quod ex caelo cadit, etsi non adsidue fit, ex naturali tamen causa fit et ideo perpetuo fieri existimatur. omnes autem servitutes praediorum perpetuas causas habere debent, et ideo neque ex lacu neque ex stagno concedi aquae ductus potest. stillicidii quoque immittendi naturalis et perpetua causa esse debet.

288. l. 9 Dig. de servitut. 8, 1.

Celsus libro quinto digestorum Si cui simplicius via per fundum cuiuspiam cedatur vel relinquatur, in infinito, videlicet per quamlibet eius partem, ire agere licebit, civiliter modo: nam quaedam in sermone tacite excipiuntur. non enim per villam ipsam nec per medias vineas ire agere sinendus est, cum id aeque commode per alteram partem facere possit minore servientis fundi detrimento. verum constitit, ut, qua primum viam direxisset, ea demum ire agere deberet nec amplius mutandae eius potestatem haberet: sicuti Sabino quoque videbatur, qui argumento rivi utebatur, quem primo qualibet ducere licuisset, posteaquam ductus esset, transferre non liceret: quod et in via servandum esse verum est.

289. Pomponii Fragmentum *(ab Arnoldo Ferrando publici iuris factum a. 1536; collectio iuris Anteiustiniani II pag. 148).*

Et servitutes dividi non possunt: nam earum usus ita connexus est, ut qui eum partiatur, naturam eius corrumpat.

290. l. 8, 1 Dig. de servitut. 8, 1.

Paulus libro quinto decimo ad Plautium Si praedium tuum mihi serviat, sive ego partis praedii tui dominus esse coepero sive tu mei, per partes servitus retinetur, licet ab initio per partes adquiri non poterat.

291. l. 242, 1 Dig. de verb. signif. 50, 16.

Iavolenus libro secundo ex posterioribus Labeonis Inter 'proiectum' et 'immissum' hoc interesse ait Labeo, quod proiectum esset id quod ita proveheretur ut nusquam requiesceret, qualia maeniana et suggrundae essent: immissum autem, quod ita fieret, ut aliquo loco requiesceret, veluti tigna trabes quae inmitteretur.

292. Gai Institutiones II 31.

Sed haec scilicet in Italicis praediis ita sunt, quia et ipsa praedia mancipationem et in iure cessionem recipiunt. alioquin in provincialibus praediis sive quis usumfructum sive ius eundi, agendi aquamve ducendi uel altius tollendi aedes aut non tollendi, ne luminibus vicini officiatur, ceteraque similia iura constituere uelit, pactionibus et stipulationibus id efficere potest; quia ne ipsa quidem praedia mancipationem aut ⟨in⟩ iure cessionem recipiunt.

293. l. 3, 14 Dig. de vi 43, 16.

Ulpianus libro sexagensimo nono ad edictum Uti frui autem prohibuisse is videtur, qui vi deiecit utentem et fruentem aut non admisit, cum ex fundo exisset non usus fructus deserendi causa. ceterum si quis ab initio volentem incipere uti frui prohibuit, hoc interdictum locum non habet. quid ergo est? debet fructuarius usum fructum vindicare.

294. l. 10, 1 Dig. de usurp. et usuc. 41, 3.

Ulpianus libro sexto decimo ad edictum Hoc iure utimur, ut servitutes per se nusquam longo tempore capi possint, cum aedificiis possint.

295. § 3 Inst. de usu fructu 2, 4.

Finitur autem usus fructus morte fructuarii et duabus capitis deminutionibus, maxima et media, et non utendo per modum et tempus. quae omnia nostra statuit constitutio (*c.* 16 *Cod.* 3, 33). item finitur usus fructus, si domino proprietatis ab usufructuario cedatur (nam extraneo cedendo nihil agitur): vel ex contrario si fructuarius proprietatem rei adquisierit, quae res consolidatio appellatur. eo amplius constat, si aedes incendio consumptae fuerint vel etiam terrae motu aut vitio suo corruerint, extingui usum fructum et ne areae quidem usum fructum deberi.

296. l. 6 Dig. de servitut. praed. urban. 8, 2.

Gaius libro septimo ad edictum provinciale Haec autem iura similiter ut rusticorum quoque praediorum certo tempore non utendo pereunt: nisi quod haec dissimilitudo est, quod non omnimodo pereunt non utendo, sed ita, si vicinus simul libertatem usucapiat. veluti si aedes tuae aedibus meis serviant, ne altius tollantur, ne luminibus mearum aedium officiatur, et ego per statutum tempus fenestras meas praefixas habuero vel obstruxero, ita demum ius meum amitto, si tu per hoc tempus aedes tuas altius sublatas habueris:

alioquin si nihil novi feceris, retineo servitutem. item si tigni immissi aedes tuae servitutem debent et ego exemero tignum, ita demum amitto ius meum, si tu foramen, unde exemptum est tignum, obturaveris et per constitutum tempus ita habueris: alioquin si nihil novi feceris, integrum ius suum permanet.

297. l. 2 pr. Dig. si serv. vind. 8, 5.

Ulpianus libro septimo decimo ad edictum De servitutibus in rem actiones competunt nobis ad exemplum earum quae ad usum fructum pertinent, tam confessoria quam negatoria, confessoria ei qui servitutes sibi competere contendit, negatoria domino qui negat.

298. Inderdictum 'uti possidetis' utile *(Lenel Ed. perp. pag. 381).*

Uti eo fundo quo de agitur nec vi nec clam nec precario alter ab altero utimini fruimini, quo minus ita utamini fruamini, vim fieri veto.

298[a]. l. 1 pr. Dig. de itinere actuque privato 43, 19.

Ulpianus libro septuagensimo ad edictum Praetor ait: 'Quo 'itinere actuque privato, quo de agitur, vel via hoc anno 'nec vi nec clam nec precario ab illo usus es, quo minus 'ita utaris, vim fieri veto.'

299. c. 1 Cod. de emphytentico iure 4, 66.

Imp. Zeno A. Sebastiano pp. (a. 476—484) Ius emphyteuticarium neque conductionis neque alienationis esse titulis addicendum, sed hoc ius tertium sit constitutum ab utriusque memoratorum contractuum societate seu similitudine separatum, conceptionem definitionemque habere propriam et iustum esse validumque contractum, in quo cuncta, quae inter utrasque contrahentium partes super omnibus vel etiam fortuitis casibus pactionibus scriptura interveniente habitis placuerint, firma illibataque perpetua stabilitate modis omnibus debeant custodiri etc.

300. l. 1 pr. Dig. de superficiebus 43, 18.

Ulpianus libro septuagensimo ad edictum Ait praetor: 'Uti 'ex lege locationis sive conductionis superficie, qua de agitur, 'nec vi nec clam nec precario alter ab altero fruimini, quo 'minus fruamini, vim fieri veto. si qua alia actio de super-'ficie postulabitur, causa cognita dabo.'

301. l. 1 pr. Dig. de pignerat. act. 13, 7.

Ulpianus libro quadragensimo ad Sabinum Pignus contrahitur non sola traditione, sed etiam nuda conventione, etsi non traditum est.

302. l. 4 Dig. de pignor. 20, 1.

Gaius libro singulari de formula hypothecaria Contrahitur hypotheca per pactum conventum, cum quis paciscatur, ut res eius propter aliquam obligationem sint hypothecae nomine obligatae: nec ad rem pertinet, quibus fit verbis, sicuti est et in his obligationibus quae consensu contrahuntur. et ideo et sine scriptura si convenit ut hypotheca sit et probari poterit, res obligata erit de qua conveniunt. fiunt enim de his scripturae, ut quod actum est per eas facilius probari poterit: et sine his autem valet quod actum est, si habeat probationem: sicut et nuptiae sunt, licet testationes in scriptis habitae non sunt.

303. l. 18 Dig. de pignor. 20, 1.

Paulus libro nono decimo ad edictum Si ab eo, qui Publiciana uti potuit quia dominium non habuit, pignori accepi, sic tuetur me per Servianam praetor, quemadmodum debitorem per Publicianam.

304. l. 9, 1 Dig. de pignor. 20, 1.

Gaius libro nono ad edictum provinciale Quod emptionem venditionemque recipit, etiam pignerationem recipere potest.

305. l. 8 Dig. in quib. caus. pign. 20, 2.

Paulus libro secundo sententiarum Cum debitor gratuita pecunia utatur, potest creditor de fructibus rei sibi pigneratae ad modum legitimum usuras retinere.

304. l. 13 Dig. de distract. pign. 20, 5.

Paulus libro primo decretorum Creditor, qui iure suo pignus distrahit, ius suum cedere debet et, si pignus possidet, tradere utique debet possessionem.

305. l. 14 Dig. de pignor. 20, 1.

Ulpianus libro septuagesimo tertio ad edictum Quaesitum est, si nondum dies pensionis venit, an et medio tempore persequi pignora permittendum sit. et puto dandam pignoris persecutionem, quia interest mea: et ita Celsus scribit.

306. l. 12, 2 Dig. qui potior. in pign. 20, 4.

Marcianus libro singulari ad formulam hypothecariam Si primus, qui sine hypotheca credidit, post secundum, qui utrumque fecit, ipse hypothecam accepit, sine dubio posterior in hypotheca est: unde si in diem de hypotheca convenit, dubium non est, quin potior sit, licet ante diem cum alio creditore pure de eadem re convenit.

307. l. 11, 1 Dig. de pignerat. act. 13, 7.

Ulpianus libro vicensimo octavo ad edictum Novata autem debiti obligatio pignus peremit, nisi convenit, ut pignus repetatur.

308. l. 3 Dig. quae res pignori 20, 3.

Paulus libro tertio quaestionum Aristo Neratio Prisco scripsit: etiamsi ita contractum sit, ut antecedens dimitteretur, non aliter in ius pignoris succedet, nisi convenerit, ut sibi eadem res esset obligata: neque enim in ius primi succedere debet, qui ipse nihil convenit de pignore: quo casu emptoris causa melior efficietur. denique si antiquior creditor de pignore vendendo cum debitore pactum interposuit, posterior autem creditor de distrahendo omisit non per oblivionem, sed cum hoc ageretur, ne posset vendere, videamus, an dici possit huc usque transire ad eum ius prioris, ut distrahere pignus huic liceat. quod admittendum existimo: saepe enim quod quis ex sua persona non habet, hoc per extraneum habere potest.

309. l. 17 Dig. qui potior. in pign. 20, 4.

Paulus libro sexto responsorum Eum qui a debitore suo praedium obligatum comparavit, eatenus tuendum, quatenus ad priorem creditorem ex pretio pecunia pervenit.

310. l. 45 pr. Dig. de reg. iur. 50, 17.

Ulpianus libro trigensimo ad edictum Neque pignus neque depositum neque precarium neque emptio neque locatio rei suae consistere potest.

311. l. 30, 1 Dig. de exc. rei iud. 44, 2.

Paulus libro quarto decimo quaestionum Latinus Largus: cum de hereditate inter Maevium, ad quem pertinebat, et

Titium, qui controversiam moverat, transigeretur, traditio rerum hereditariarum Maevio heredi a Titio facta est, in qua traditione etiam fundum ei suum proprium, quem ante multos annos avo eiusdem Maevii heredis obligaverat quemque alii postea in obligationem deduxerat, ex causa pacti tradidit. his gestis posterior Titii creditor ius suum persecutus est et optinuit. post hoc iudicium Maevius heres repperit in rebus avitis chirographum eiusdem Titii ante multos annos conscriptum, per quod apparuit eum fundum, qui in causam transactionis venerat, etiam avo suo ab eodem Titio fuisse obligatum. cum ergo constet prius avo Maevii heredis in obligationem eundem fundum datum, de quo Maevius superatus est, quaero, an ius avi sui, quod tunc, cum de eodem fundo ageretur, ignorabat, nulla exceptione opposita exsequi possit. respondi: si de proprietate fundi litigatur et secundum actorem pronuntiatum fuisset diceremus petenti ei, qui in priore iudicio victus est, obstaturam rei iudicatae exceptionem, quoniam de eius quoque iure quaesitum videtur, cum actor petitionem implet. quod si possessor absolutus amissa prossessione eundem ab eodem, qui prius non optinuit, peteret, non obesset ei exceptio: nihil enim in suo iudicio de iure eius statutum videretur. cum autem pigneraticia actum est adversus priorem creditorem, potest fieri, ut de iure possessoris non sit quaesitum, quia non, ut in proprietatis quaestione quod meum est alterius non est, ita in obligatione utique consequens est, ut non sit alii obligatum, quod hic probabit sibi teneri. et probabilius dicitur non obstare exceptionem, quoniam de iure possessoris quaesitum non est, sed de sola obligatione. in proposita autem quaestione magis me illud movet, numquid pignoris ius extinctum sit dominio adquisito: n e q u e e n i m p o t e s t p i g n u s p e r s e v e r a r e d o m i n o c o n s t i t u t o c r e d i t o r e. a c t i o t a m e n p i g n e r a t i c i a c o m p e t i t: verum est enim et pignori datum et satisfactum non esse, quare puto non obstare rei iudicatae exceptionem.

312. l. 14, 1 Dig. de pignor. 20, 1.

Ulpianus libro septuagesimo tertio ad edictum Ex quibus casibus naturalis obligatio consistit, pignus perseverare constitit.

313. l. 61 pr. Dig. ad S. C. Trebell. 36, 1.

Paulus libro quarto quaestionum Debitor sub pignore creditorem heredem instituit eumque rogavit restituere hereditatem filiae suae, id est testatoris: cum nollet adire ut suspectam, coactus iussu praetoris adit et restituit: cum emptorem pignoris non inveniret, desiderabat permitti sibi iure dominii id possidere. respondi: aditione quidem hereditatis confusa obligatio est: videamus autem, ne et pignus liberatum sit sublata naturali obligatione. atquin sive possidet creditor actor idemque heres rem sive non possidet, videamus de effectu rei. et si possidet, nulla actione a fideicommissario conveniri potest, neque pigneraticia, quoniam hereditaria est actio, neque fideicommissum, quasi minus restituerit, recte petetur: quod eveniret, si nullum pignus intercessisset: possidet enim eam rem quasi creditor. sed et si fideicommissarius rem teneat, et hic Serviana actio tenebit: verum est enim non esse solutam pecuniam, quemadmodum dicimus, cum amissa est actio propter exceptionem. igitur non tantum retentio, sed etiam petitio pignoris nomine competit et solutum non repetetur. remanet ergo propter pignus naturalis obligatio. in re autem integra non putarem compellendum adire, nisi prius de indemnitate esset ei cautum vel soluta pecunia esset: nam et cum de lucro heres scriptus *sollicitus* sit, quod forte legatum accepit, si heres non extitisset, responsum est non esse cogendum adire nisi legato praestito. ubi quidem potuit dici nec cogendum esse heredem adire quodammodo contra voluntatem defuncti, qui legando heredi, si non adisset, in ipsius voluntate posuit aditionem: sed cum testator alterutrum dederit, nos utrumque ei praestamus.

314. l. 18 pr. Dig. de pignerat. act. 13, 7.

Paulus libro vicensimo nono ad edictum Si convenerit, ut nomen debitoris mei pignori tibi sit, tuenda est a praetore haec conventio, ut et te in exigenda pecunia et debitorem adversus me, si cum eo experiar, tueatur. ergo si id nomen pecuniarium fuerit, exactam pecuniam tecum pensabis, si vero corporis alicuius, id quod acceperis erit tibi pignoris loco.

315. l. 20 Dig. de pignor. 20, 1.

Ulpianus libro sexagesimo tertio ad edictum Cum convenit, ut is, qui ad refectionem aedificii credidit, de pensionibus iure pignoris ipse creditum recipiat, etiam actiones utiles adversus inquilinos accipiet cautionis exemplo, quam debitor creditori pignori dedit.

316. l. 13, 2 Dig. de pignor. 20, 1.

Marcianus libro singulari ad formulam hypothecariam Cum pignori rem pigneratam accipi posse placuerit, quatenus utraque pecunia debetur pignus secundo creditori tenetur et tam exceptio quam actio utilis ei danda est: quod si dominus solverit pecuniam, pignus quoque peremitur. sed potest dubitari, numquid creditori nummorum solutorum nomine utilis actio danda sit an non: quid enim, si res soluta fuerit? et verum est, quod Pomponius libro septimo ad edictum scribit, si quidem pecuniam debet is, cuius nomen pignori datum est, exacta ea creditorem secum pensaturum: si vero corpus is debuerit et solverit, pignoris loco futurum apud secundum creditorem.

317. l. 11, 2 Dig. de pignor. 20, 1.

Marcianus libro singulari ad formulam hypothecariam Usus fructus an possit pignori hypothecaeve dari, quaesitum est, sive dominus proprietatis convenerit sive ille qui solum usum fructum habet. et scribit Papinianus libro undecimo responsorum tuendum creditorem et si velit cum creditore proprietarius agere 'non esse ei ius uti frui invito se', tali exceptione eum praetor tuebitur: 'si non inter creditorem et eum ad 'quem usus fructus pertinet convenerit, ut usus fructus pignori 'sit': nam et cum emptorem usus fructus tuetur praetor, cur non et creditorem tuebitur? eadem ratione et debitori obicietur exceptio.

318. l. 12 Dig. de pignor. 20, 1.

Paulus libro sexagensimo octavo ad edictum Sed an viae itineris actus aquae ductus pignoris conventio locum habeat videndum esse Pomponius ait, ut talis pactio fiat, ut, quamdiu pecunia soluta non sit, eis servitutibus creditor utatur (scilicet si vicinum fundum habeat) et, si intra diem certum pecunia soluta non sit, vendere eas vicino liceat: quae sententia propter utilitatem contrahentium admittenda est.

III. Das Obligationenrecht.

319. pr. Inst. de oblig. 3, 13.

Nunc transeamus ad obligationes. obligatio est iuris vinculum, quo necessitate adstringimur alicuius solvendae rei secundum nostrae civitatis iura.

320. l. 3 pr. Dig. de obl. et act 44, 7.

Paulus libro secundo institutionum Obligationum substantia non in eo consistit, ut aliquod corpus nostrum aut servitutem nostram faciat, sed ut alium nobis obstringat ad dandum aliquid vel faciendum vel praestandum.

321. l. 72 pr. Dig. de verb. oblig. 45, 1.

Ulpianus libro vicensimo ad edictum Stipulationes non dividuntur earum rerum, quae divisionem non recipiunt, veluti viae itineris actus aquae ductus ceterarumque servitutium. idem puto et si quis faciendum aliquid stipulatus sit, ut puta fundum tradi vel fossam fodiri vel insulam fabricari, vel operas vel quid his simile: horum enim divisio corrumpit stipulationem. Celsus tamen libro trigensimo octavo digestorum refert Tuberonem existimasse, ubi quid fieri stipulemur, si non fuerit factum, pecuniam dari oportere ideoque etiam in hoc genere dividi stipulationem: secundum quem Celsus ait posse dici iusta aestimatione facti dandam esse petitionem.

322. l. 80, 1 Dig. ad leg. Falcid 35, 2.

Gaius libro tertio de legatis ad edictum praetoris Quaedam legata divisionem non recipiunt, ut ecce legatum viae itineris actusve: ad nullum enim ea res pro parte potest pertinere. sed et si opus municipibus heres facere iussus est, individuum videtur legatum: neque enim ullum balineum aut ullum theatrum aut stadium fecisse intellegitur, qui ei propriam formam, quae ex consummatione contingit, non dederit: quorum omnium legatorum nomine, etsi plures heredes sint, singuli in solidum tenentur. haec itaque legata, quae dividuitatem non recipiunt, tota ad legatarium pertinent. sed potest heredi hoc remedio succurri, ut aestimatione facta legati denuntiet legatario, ut partem aestimationis inferat, si non inferat, utatur adversus eum exceptione doli mali.

323. § 33d Inst. de action. 4, 6.

Huic autem, qui loco plus petere intellegitur, proximus est is qui causa plus petit: ut ecce si quis ita a te stipulatus sit 'hominem Stichum aut decem aureos dare spondes?', deinde alterutrum petat, veluti hominem tantum aut decem tantum. ideo autem plus petere intellegitur, quia in eo genere stipulationis promissoris est electio, utrum pecuniam an hominem solvere malit etc. cf. *Gai.* IV, 53b.

324. l. 138, 1 Dig. de verb. oblig. 45, 1.

Venuleius libro quarto stipulationum Cum pure stipulatus sum illud aut illud dari, licebit tibi, quotiens voles, mutare voluntatem in eo quod praestaturus sis, quia diversa causa est voluntatis expressae et eius quae inest.

325. l. 1 pr. Dig. de contrah. empt. 18, 1.

Paulus libro trigensimo tertio ad edictum Origo emendi vendendique a permutationibus coepit. olim enim non ita erat nummus neque aliud merx, aliud pretium vocabatur, sed unusquisque secundum necessitatem temporum ac rerum utilibus inutilia permutabat, quando plerumque evenit, ut quod alteri superest alteri desit. sed quia non semper nec facile concurrebat, ut, cum tu haberes quod ego desiderarem, invicem haberem quod tu accipere velles, electa materia est, cuius publica ac perpetua aestimatio difficultatibus permutationum aequalitate quantitatis subveniret. eaque materia forma publica percussa usum dominiumque non tam ex substantia praebet quam ex quantitate, nec ultra merx utrumque, sed alterum pretium vocatur.

326. l. 24 Dig. depos. 16, 3.

Papinianus libro nono quaestionum 'Lucius Titius Sem'pronio salutem. Centum nummos, quos hac die commendasti 'mihi adnumerante servo Sticho actore, esse apud me ut 'notum haberes, hac epistula manu mea scripta tibi notum 'facio: quae quando voles et ubi voles confestim tibi numerabo.' quaeritur propter usurarum incrementum. respondi depositi actionem locum habere: quid est enim aliud commendare quam deponere? quod ita verum est, si id actum est, ut corpora nummorum eadem redderentur: nam si ut tantundem solveretur convenit, egreditur ea res depositi notissimos terminos. in qua quaestione si depositi actio non teneat, cum convenit tantundem, non idem reddi, rationem usurarum haberi non facile dicendum est. et est quidem constitutum in bonae fidei iudiciis, quod ad usuras attinet, ut tantundem possit officium arbitri quantum stipulatio: sed contra bonam fidem et depositi naturam est usuras ab eo desiderare temporis ante moram, qui beneficium in suscipienda pecunia dedit. si tamen ab initio de usuris praestandis convenit, lex contractus servabitur.

327. l. 54 pr. Dig. locati conducti 19, 2.

Paulus libro quinto responsorum Quaero, an fideiussor conductionis etiam in usuras non illatarum pensionum nomine teneatur nec prosint ei constitutiones, quibus cavetur eos, qui pro aliis pecuniam exsolvunt, sortis solummodo damnum agnoscere oportere. Paulus respondit, si in omnem causam conductionis etiam fideiussor se obligavit, eum quoque exemplo coloni tardius illatarum per moram coloni pensionum praestare debere usuras: usurae enim in bonae fidei iudiciis etsi non tam ex obligatione proficiscantur quam ex officio iudicis applicentur, tamen, cum fideiussor in omnem causam se applicuit, aequum videtur ipsum quoque agnoscere onus usurarum, ac si ita fideiussisset: 'in quantum illum condemnari 'ex bona fide oportebit, tantum fide tua esse iubes?' vel ita: 'indemnem me praestabis?'

328. l. 49, 1 Dig. de act. emp. vend. 19, 1.

Hermogenianus libro secundo iuris epitomarum Pretii, sorte licet post moram soluta, usurae peti non possunt, cum hae non sint in obligatione, sed officio iudicis praestentur.

329. c(anon) 10 C(ausa) 14 qu(aestio) 4.

Si quis usuram accipit, rapinam facit, vita non vivit.

329a. cap. 7 X de usuris 5, 19.

Praeterea parochianis tuis usuras recipere omnibus modis interdicas, quia usurarum crimen utriusque testamenti pagina detestatur. Qui si monitis vestris parere contempserint, si clerici sint, eos ab officio beneficioque suspendas; si vero laici fuerint, usque ad dignam satisfactionem ipsos vinculo excommunicationis adstringas.

330. l. 23 Dig. de reg. iur. 50, 17.

Ulpianus libro vicensimo nono ad Sabinum Contractus quidam dolum malum dumtaxat recipiunt, quidam et dolum et culpam. dolum tantum: depositum et precarium. dolum et culpam: mandatum, commodatum, venditum, pignori acceptum, locatum, item dotis datio, tutelae, negotia gesta: in his quidem et diligentiam. societas et rerum communio et dolum et culpam recipit. sed haec ita, nisi si quid nominatim convenit (vel plus vel minus) in singulis contractibus: nam hoc servabitur, quod initio convenit (legem enim contractus dedit), excepto eo, quod Celsus putat non valere, si convenerit, ne dolus praestetur: hoc enim bonae fidei iudicio contrarium est: et ita utimur. animalium vero casus mortesque, quae sine culpa accidunt, fugae servorum qui custodiri non solent, rapinae, tumultus, incendia, aquarum magnitudines, impetus praedonum a nullo praestantur.

331. l. 5, 2 Dig. commod. 13, 6.

Ulpianus libro vicensimo octavo ad edictum Nunc videndum est, quid veniat in commodati actione, utrum dolus an et culpa an vero et omne periculum. et quidem in contractibus interdum dolum solum, interdum et culpam praestamus: dolum in deposito: nam quia nulla utilitas eius versatur apud quem deponitur, merito dolus praestatur solus: nisi forte et merces accessit (tunc enim, ut est et constitutum, etiam culpa exhibetur) aut si hoc ab initio convenit, ut et culpam et periculum praestet is penes quem deponitur. sed ubi utriusque utilitas vertitur, ut in empto, ut in locato, ut in dote, ut in pignore, ut in societate, et dolus et culpa praestatur.

332. l. 27, 9 Dig. ad leg. Aquil. 9, 2.

Ulpianus libro octavo decimo ad edictum Si fornicarius servus coloni ad fornacem obdormisset et villa fuerit exusta, Neratius scribit ex locato conventum praestare debere, si neglegens in eligendis ministeriis fuit: ceterum si alius ignem subiecerit fornaci, alius neglegenter custodierit, an tenebitur qui subiecerit? nam qui custodit, nihil fecit, qui recte ignem subiecit, non peccavit: quid ergo est? puto utilem competere actionem tam in eum qui ad fornacem obdormivit quam in eum qui neglegenter custodit, nec quisquam dixerit in eo qui obdormivit, rem eum humanam et naturalem passum, cum deberet vel ignem exstinguere vel ita munire, ne evagetur.

333. l. 25, 7 Dig. locati conducti 19, 2.

Gaius libro decimo ad edictum provinciale Qui columnam transportandam conduxit, si ea, dum tollitur aut portatur aut reponitur, fracta sit, ita id periculum praestat, si qua ipsius eorumque, quorum opera uteretur, culpa acciderit: culpa autem abest, si omnia facta sunt, quae diligentissimus quisque observaturus fuisset. idem scilicet intellegemus et si dolia vel tignum transportandum aliquis conduxerit: idemque etiam ad ceteras res transferri potest.

334. l. 1 pr. Dig. naut. caup. stab. 4, 9.

Ulpianus libro quarto decimo ad edictum Ait praetor: 'Nautae caupones stabularii quod cuiusque salvum fore re- 'ceperint nisi restituent, in eos iudicium dabo'.

335. l. 23, 1 Dig. pro socio 17, 2.

Ulpianus libro trigesimo ad Sabinum Idem quaerit, an commodum, quod propter admissum socium accessit, compensari cum damno, quod culpa praebuit, debeat, et ait compensandum. quod non est verum, nam et Marcellus libro sexto digestorum scribit, si servus unius ex sociis societati a domino praepositus neglegenter versatus sit, dominum societati qui praeposuerit praestaturum nec compensandum commodum, quod per servum societati accessit, cum damno: et ita divum Marcum pronuntiasse, nec posse dici socio: 'abstine 'commodo, quod per servum accessit, si damnum petis'.

336. l. 10 Dig. neg. gest. 3, 5.

Pomponius libro vicensimo primo ad Quintum Mucium Si negotia absentis et ignorantis geras, et culpam et dolum praestare debes. sed Proculus interdum etiam casum praestare debere, veluti si novum negotium, quod non sit solitus absens facere, tu nomine eius geras: veluti venales novicios coemendo vel aliquam negotiationem ineundo. nam si quid damnum ex ea re secutum fuerit, te sequetur, lucrum vero absentem: quod si in quibusdam lucrum factum fuerit, in quibusdam damnum, absens pensare lucrum cum damno debet.

337. l. 203 Dig. de reg. iur. 50, 17.

Pomponius libro octavo ad Quintum Mucium Quod quis ex culpa sua damnum sentit, non intellegitur damnum sentire.

338. l. 91, 3 Dig. de verb. oblig. 45, 1.

Paulus libro septimo decimo ad Plautium Sequitur videre de eo, quod veteres constituerunt, quotiens culpa intervenit debitoris, perpetuari obligationem, quemadmodum intellegendum sit. et quidem si effecerit promissor, quo minus solvere possit, expeditum intellectum habet constitutio: si vero moratus sit tantum, haesitatur, an, si postea in mora non fuerit, extinguatur superior mora. et Celsus adulescens scribit eum, qui moram fecit in solvendo Sticho quem promiserat, posse emendare eam moram postea offerendo: esse enim hanc questionem de bono et aequo: in quo genere plerumque sub auctoritate iuris scientiae perniciose, inquit, erratur. et sane probabilis haec sententia est, quam quidem et Iulianus sequitur: nam dum quaeritur de damno et par utriusque causa sit, quare non potentior sit qui teneat, quam qui persequitur?

339. l. 9, 1 Dig. de usur. 22, 1.

Papinianus libro undecimo responsorum Usurarum stipulatio, quamvis debitor non conveniatur, committitur. nec inutilis legitimae ururae stipulatio videtur sub ea condicione concepta 'si minores ad diem solutae non fuerint'. non enim poena, sed faenus uberius iusta ratione sortis promittitur. si tamen post mortem creditoris nemo fuit cui pecunia solveretur, eius temporis inculpatam esse moram constitit: ideo si maiores usurae prioribus petantur, exceptio doli non inutiliter opponetur.

340. l. 137, 4 Dig. de verb. oblig. 45, 1.

Venuleius libro primo stipulationum Illud inspiciendum est, an qui centum dari promisit confestim teneatur an vero cesset obligatio, donec pecuniam conferre possit. quid ergo, si neque domi habet neque inveniat creditorem? sed haec recedunt ab impedimento naturali et respiciunt ad facultatem dandi. est autem facultas personae commodum incommodumque, non rerum quae promittuntur. et alioquin si quis Stichum dari spoponderit, quaeremus, ubi sit Stichus: aut sic non multum referre videatur 'Ephesi daturum se', an, quod Ephesi sit, cum ipse Romae sit, dare spondeat: nam hoc quoque ad facultatem dandi pertinet, quia in pecunia et in Sticho illud commune est, quod promissor in praesentia dare non potest. et generaliter causa difficultatis ad incommodum promissoris, non ad impedimentum stipulatoris pertinet, ne incipiat dici eum quoque dare non posse, qui alienum servum, quem dominus non vendat, dare promiserit.

341. l. 32 pr. Dig. de usur. 22, 1.

Marcianus libro quarto regularum Mora fieri intellegitur non ex re, sed ex persona, id est, si interpellatus oportuno loco non solverit: quod apud iudicem examinabitur: nam, ut et Pomponius libro duodecimo epistularum scripsit, difficilis est huius rei definitio. divus quoque Pius Tullio Balbo rescripsit, an mora facta intellegatur, neque constitutione ulla neque iuris auctorum quaestione decidi posse, cum sit magis facti quam iuris.

342. l. 24, 2 Dig. de usur. 22, 1.

Paulus libro trigesimo septimo ad edictum Mora videtur creditori fieri, sive ipsi sive ei cui mandaverat sive ei qui negotia eius gerebat mora facta sit: nec hoc casu per liberam personam adquiri videtur, sed officium impleri, sicuti, cum quis furtum mihi facientem deprehendit, negotium meum agens manifesti furti actionem mihi parat: item cum procurator interpellaverit promissorem hominis, perpetuam facit stipulationem.

343. c. 10 Cod. de act. empti et vend. 4, 49.

Impp. Diocletianus et Maximianus AA. et CC. Titio Attalo (a. 293) Cum venditorem carnis fide conventionis rupta tempore placito hanc non exhibuisse proponas, empti actione eum quanti interest tua tunc tibi praestitam fuisse apud praesidem provinciae convenire potes.

344. l. 114 Dig. de verb. oblig. 45, 1.

Ulpianus libro septimo decimo ad Sabinum Si fundum certo die praestari stipuler et per promissorem steterit, quo minus ea die praestetur, consecuturum me, quanti mea intersit moram factam non esse.

345. l. 17, 4 Dig. de usur. 22, 1.

Paulus libro singulari de usuris Ex locato qui convenitur, nisi convenerit ut tardius pecuniae illatae usuras deberet, non nisi ex mora usuras praestare debet.

346. l. 8, 1 Dig. de cond. furt. 13, 1.

Ulpianus libro vicensimo septimo ad edictum Si ex causa furtiva res condicatur, cuius temporis aestimatio fiat, quaeritur. placet tamen id tempus spectandum, quo res umquam plurimi fuit, maxime cum deteriorem rem factam fur dando non liberatur: semper enim moram fur facere videtur.

347. l. 23, 1 Dig. de usur. 22, 1.

Ulpianus libro trigesimo quarto ad edictum Aliquando etiam in re moram esse decerni solet, si forte non exstat qui conveniatur.

348. l. 39, 1 Dig. de legatis I. 30.

Ulpianus libro vicensimo primo ad Sabinum Fructus autem hi deducuntur in petitionem, non quos heres percepit, sed quos legatarius percipere potuit: et id in operis servorum vel vecturis iumentorum vel naulis navium dicendum.

349. l. 5 Dig. de peric. et comm. rei vend. 18, 6.

Paulus libro quinto ad Sabinum Si per emptorem steterit, quo minus ad diem vinum tolleret, postea, nisi quod dolo malo venditoris interceptum esset, non debet ab eo praestari. si verbi gratia amphorae centum ex eo vino, quod in cella esset, venierint, donec admetiatur, omne periculum venditoris est, nisi id per emptorem fiat.

350. l. 18 Dig. de peric. et comm. rei vend. 18, 6.

Pomponius libro trigesimo primo ad Quintum Mucium Illud sciendum est, cum moram emptor adhibere coepit, iam non culpam, sed dolum malum tantum praestandum a venditore. quod si per venditorem et emptorem mora fuerit, Labeo quidem scribit emptori potius nocere quam venditori moram adhibitam, sed videndum est, ne posterior mora damnosa ei sit. quid enim si interpellavero venditorem et non dederit id quod emeram, deinde postea offerente illo ego non acceperim? sane hoc casu nocere mihi deberet. sed si per emptorem mora fuisset, deinde, cum omnia in integro essent, venditor moram adhibuerit, cum posset se exsolvere, aequum est posteriorem moram venditori nocere.

351. l. 72 pr. Dig. de solut. et liberat. 46, 3.

Marcellus libro vicensimo digestorum Qui decem debet, si ea optulerit creditori et ille sine iusta causa ea accipere recusavit, deinde debitor ea sine sua culpa perdiderit, doli mali exceptione potest se tueri, quamquam aliquando interpellatus non solverit: etenim non est aequum teneri pecunia amissa, quia non teneretur, si creditor accipere voluisset. quare pro soluto id, in quo creditor accipiendo moram fecit, oportet esse. et sane si servus erat in dote eumque optulit maritus et is servus decessit, aut nummos optulit eosque non aecipiente muliere perdiderit, ipso iure desinet teneri.

352. l. 41 Dig. de peculio 15, 1.

Ulpianus libro quadragensimo tertio ad Sabinum Nec servus quicquam debere potest nec servo potest deberi, sed cum eo verbo abutimur, factum magis demonstramus quam ad ius civile referimus obligationem. itaque quod servo debetur, ab extraneis dominus recte petet, quod servus ipse debet, eo nomine in peculium et, si quid inde in rem domini versum est, in dominum actio datur.

353. l. 16, 4 Dig. de fideiuss. et mand. 46, 1.

Iulianus libro quinquagensimo tertio digestorum Naturales obligationes non eo solo aestimantur, si actio aliqua eorum nomine competit, verum etiam cum soluta pecunia repeti non potest: nam licet minus proprie debere dicantur naturales debitores, per abusionem intellegi possunt debitores et, qui ab his pecuniam recipiunt, debitum sibi recepisse.

354. l. 13 pr. Dig. de condict. indeb. 12, 6.

Paulus libro decimo ad Sabinum Naturaliter etiam servus obligatur: et ideo, si quis nomine eius solvat vel ipse manumissus, ut Pomponius scribit, ex peculio, cuius liberam administrationem habeat, repeti non poterit: et ob id et fideiussor pro servo acceptus tenetur et pignus pro eo datum tenebitur et, si servus, qui peculii administrationem habet, rem pignori in id quod debeat dederit, utilis pigneraticia reddenda est.

355. l. 5 pr. § 1 Dig. de auct. et cons. 26, 8.

Ulpianus libro quadragesimo ad Sabinum Pupillus obligari tutori eo auctore non potest. plane si plures sint tutores, quorum unius auctoritas sufficit, dicendum est altero auctore pupillum ei posse obligari, sive mutuam pecuniam ei det sive stipuletur ab eo. sed et cum solus sit tutor mutuam pecuniam pupillo dederit vel ab eo stipuletur, non erit obligatus tutori: naturaliter tamen obligabitur in quantum locupletior factus est: nam in pupillum non tantum tutori, verum cuivis actionem in quantum locupletior factus est dandam divus Pius rescripsit.

356. l. 29 Dig. de cond. indeb. 12, 6.

Ulpianus libro secundo disputationum Interdum persona locum facit repetitioni, ut puta si pupillus sine tutoris auctoritate vel furiosus vel is cui bonis interdictum est solverit: nam in his personis generaliter repetitioni locum esse non ambigitur. et si quidem exstant nummi, vindicabuntur, consumptis vero condictio locum habebit.

357. l. 58 Dig. de obl. et act. 44, 7.

Licinnius Rufinus libro octavo regularum Pupillus mutuam pecuniam accipiendo ne quidem iure naturali obligatur.

357a. l. 41 Dig. de cond. indeb. 12, 6.

Neratius libro sexto membranarum Quod pupillus sine tutoris auctoritate stipulanti promiserit solverit, repetitio est, quia nec natura debet.

358. l. 40 pr. Dig. de cond. indeb. 12, 6.

Marcianus libro tertio regularum Qui exceptionem perpetuam habet, solutum per errorem repetere potest: sed hoc non est perpetuum. nam si quidem eius causa exceptio datur cum quo agitur, solutum repetere potest, ut accidit in senatus consulto de intercessionibus: ubi vero in odium eius cui debetur exceptio datur, perperam solutum non repetitur, veluti si filius familias contra Macedonianum mutuam pecuniam acceperit et pater familias factus solverit, non repetit.

359. l. 60 pr. Dig. de cond. indeb. 12, 6.

Paulus libro tertio quaestionum Iulianus verum debitorem post litem contestatam manente adhuc iudicio negabat solventem repetere posse, quia nec absolutus nec condemnatus repetere posset: licet enim absolutus sit, natura tamen debitor permanet: similemque esse ei dicit, qui ita promisit, sive navis ex Asia venerit sive non venerit, quia ex una causa alterius solutionis origo proficiscitur.

360. l. 28 Dig. de cond. indeb. 12, 6.

Paulus libro trigensimo secundo ad edictum Iudex si male absolvit et absolutus sua sponte solverit, repetere non potest.

361. l. 13 Dig. quibus mod. pign. 20, 6.

Tryphoninus libro octavo disputationum Si deferente creditore iuravit debitor se dare non oportere, pignus liberatur, quia perinde habetur, atque si iudicio absolutus esset: nam et si a iudice quamvis per iniuriam absolutus sit debitor, tamen pignus liberatur.

362. l. 32, 2 Dig. de cond. indeb. 12, 6.

Iulianus libro decimo digestorum Mulier si in ea opinione sit, ut credat se pro dote obligatam, quidquid dotis nomine dederit, non repetit: sublata enim falsa opinione relinquitur pietatis causa, ex qua solutum repeti non potest.

363. l. 3 pr. Dig. de pollic. 50, 12.

Ulpianus libro quarto disputationum Pactum est duorum consensus atque conventio, pollicitatio vero offerentis solius promissum. et ideo illud est constitutum, ut, si ob honorem pollicitatio fuerit facta, quasi debitum exigatur. sed et coeptum opus, licet non ob honorem promissum, perficere promissor cogetur, et est constitutum.

364. l. 7 Dig. de pollic. 50, 12.

Paulus libro primo de officio proconsulis Ob casum, quem civitas passa est, si quis promiserit se quid facturum: etsi non inchoaverit, omnimodo tenetur, ut divus Severus Dioni rescripsit.

365. l. 2 pr. § 1 Dig. de pollic. 50, 12.

Ulpianus libro primo disputationum Si quis rem aliquam voverit, voto obligatur. quae res personam voventis, non rem quae vovetur obligat. res enim, quae vovetur, soluta quidem liberat voto, ipsa vero sacra non efficitur. Voto autem patres familiarum obligantur puberes sui iuris: filius enim familias vel servus sine patris dominive auctoritate voto non obligantur.

366. l. 37 pr. Dig. de oper. libert. 38, 1.

Paulus libro secundo ad legem Iuliam et Papiam 'Qui 'libertinus duos pluresve a se genitos natasve in sua potestate 'habebit praeter eum, qui artem ludicram fecerit quive operas 'suas ut cum bestiis pugnaret locaverit: ne quis eorum operas 'doni muneris aliudve quicquam libertatis causa patrono pa- 'tronae liberisve eorum, de quibus iuraverit vel promiserit 'obligatusve erit, dare facere praestare debeto'.

367. C. I. L. IV Nr. 64 *(Bruns Fontes[6] pag. 320).*

Urna aenia pereit de taberna. Sei quis rettulerit, dabuntur HS XV; sei furem dabit, unde [rem] servar[e possim], XX . . .

368. Orelli 4319 *(Bruns Fontes[6] pag. 320).*

Fugi; tene me; cum revocaveris me d(omino) m(eo) Zonino, accipis solidum.

369. Varro de lingua Latina VII 105 *(Bruns Fontes[6] II pag. 62).*

Nexum Manilius scribit omne quod per aes et libram geritur, in quo sint mancipia; Mucius, quae per aes et libram fiant, ut obligentur, praeter quom mancipio detur. Hoc verius esse ipsum verbum ostendit, de quo quaerit; nam id est, quod obligatur per libram neque suum fit, inde nexum dictum.

370. Gai Institutiones III 92. 93.

Verbis obligatio fit ex interrogatione et responsione, veluti Dari spondes? Spondeo, Dabis? Dabo, Promittis? Promitto, Fidepromittis? Fidepromitto, Fideiubes? Fideiubeo, Facies? Faciam. Sed haec quidem verborum obligatio Dari spondes? Spondeo propria civium Romanorum est; ceterae vero iuris gentium sunt, itaque inter omnes homines, sive cives Romanos sive peregrinos, valent; et quamvis ad Graecam vocem expressae fuerint, veluti hoc modo ⟨Δώσεις; Δώσω· Ὁμολογεῖς; Ὁμολογῶ· Πίστει κελεύεις; Πίστει κελεύω· Ποιήσεις; Ποιήσω⟩, [etiam haec] tamen inter cives Romanos valent, si modo Graeci sermonis intellectum habeant; et e contrario quamvis Latine enuntientur, tamen etiam inter peregrinos valent, si modo Latini sermonis intellectum habeant. at illa verborum obligatio 'Dari spondes? Spondeo' adeo propria civium Romanorum est, ut ne quidem in Graecum sermonem per interpretationem proprie transferri possit, quamvis dicatur a Graeca voce figurata esse.

371. l. 7, 12 Dig. de pact. 2, 14.

Ulpianus libro quarto ad edictum Quod fere novissima parte pactorum ita solet inseri 'rogavit Titius, spopondit Maevius', haec verba non tantum pactionis loco accipiuntur, sed etiam stipulationis: ideoque ex stipulatu nascitur actio, nisi contrarium specialiter adprobetur, quod non animo stipulantium hoc factum est, sed tantum paciscentium.

372. § 12 Inst. de inutil. stipul. 3, 19.

Item verborum obligatio inter absentes concepta inutilis est. sed cum hoc materiam litium contentiosis hominibus praestabat, forte post tempus tales allegationes opponentibus et non praesentes esse vel se vel adversarios suos contendentibus: ideo nostra constitutio propter celeritatem dirimendarum litium introducta est, quam ad Caesareenses advocatos scripsimus (*c.* 14 *Cod.* 8, 37), per quam disposuimus tales scripturas, quae praesto esse partes indicant, omnimodo esse credendas, nisi ipse, qui talibus utitur improbis allegationibus, manifestissimis probationibus vel per scripturam vel per testes idoneos approbaverit in ipso toto die quo conficiebatur instrumentum sese vel adversarium suum in aliis locis esse.

373. Paul. Sent. II 22, 2.

Omnibus pactis stipulatio subici debet, ut ex stipulatu actio nasci possit.

374. l. 69 Dig. de verb. oblig. 45, 1.

Ulpianus libro sexto ad edictum Si homo mortuus sit, sisti non potest nec poena rei impossibilis committetur, quemadmodum si quis Stichum mortuum dare stipulatus, si datus non esset, poenam stipuletur.

375. l. 77 Dig. de verb. oblig. 45, 1.

Paulus libro quinquagensimo octavo ad edictum Ad diem sub poena pecunia promissa et ante diem mortuo promissore committetur poena, licet non sit hereditas eius adita.

376. l. 8 Dig. de verb. oblig. 45, 1.

Paulus libro secundo ad Sabinum In illa stipulatione: 'si kalendis Stichum non dederis, decem dare spondes?' mortuo homine quaeritur, an statim ante kalendas agi possit. Sabinus Proculus exspectandum diem actori putant, quod est verius: tota enim obligatio sub condicione et in diem collata est et licet ad condicionem committi videatur, dies tamen superest. sed cum eo, qui ita promisit: 'si intra kalendas digito caelum 'non tetigerit', agi protinus potest. haec et Marcellus probat.

377. l. 28 Dig. de act. empti vend. 19, 1.

Iulianus libro tertio ad Urseium Ferocem Praedia mihi vendidisti et convenit, ut aliquid facerem: quod si non fecissem, poenam promisi. respondit: venditor antequam poenam ex stipulatu petat, ex vendito agere potest: si consecutus fuerit, quantum poenae nomine stipulatus esset, agentem ex stipulatu doli mali exceptio summovebit: si ex stipulatu poenam consecutus fueris, ipso iure ex vendito agere non poteris nisi in id, quod pluris eius interfuerit id fieri.

378. l. 40 Dig. de reb. cred. 12, 1.

Paulus libro tertio quaestionum Lecta est in auditorio Aemilii Papiniani praefecti praetorio iuris consulti cautio huiusmodi: 'Lucius Titius scripsi me accepisse a Publio Maevio 'quindecim mutua numerata mihi de domo et haec quindecim 'proba recte dari kalendis futuris stipulatus est Publius Maevius, 'spopondi ego Lucius Titius. si die supra scripta summa 'Publio Maevio eive ad quem ea res pertinebit data soluta 'satisve eo nomine factum non erit, tunc eo amplius, quo 'post solvam, poenae nomine in dies triginta inque denarios 'centenos denarios singulos dari stipulatus est Publius Maevius, 'spopondi ego Lucius Titius. convenitque inter nos, uti pro 'Maevio ex summa supra scripta menstruos refundere debeam 'denarios trecenos ex omni summa ei heredive eius.' quaesitum est de obligatione usurarum, quoniam numerus mensium, qui solutioni competebat, transierat. dicebam, quia pacta in continenti facta stipulationi inesse creduntur, perinde esse, ac si per singulos menses certam pecuniam stipulatus, quoad tardius soluta esset, usuras adiecisset: igitur finito primo mense primae pensionis usuras currere et similiter post secundum et tertium tractum usuras non solutae pecuniae pensionis crescere nec ante sortis non solutae usuras peti posse quam ipsa sors peti potuerat. pactum autem quod subiectum est quidam dicebant ad sortis solutionem tantum pertinere, non etiam ad usurarum, quae priore parte simpliciter in stipulationem venissent pactumque id tantum ad exceptionem prodesse et ideo non soluta pecunia statutis pensionibus ex die stipulationis usuras deberi, atque si id nominatim esset expressum. sed cum sortis petitio dilata sit, consequens est, ut etiam usurae ex eo tempore, quo moram fecit, accedant, et si, ut ille putabat, ad exceptionem tantum prodesset pactum (quamvis sententia diversa optinuerit), tamen usurarum obligatio ipso iure non committetur: non enim in mora est is, a quo pecunia propter exceptionem peti non potest. sed quantitatem, quae medio tempore colligitur, stipulamur, cum condicio exstiterit, sicut est in fructibus: idem et in usuris potest exprimi, ut ad diem non soluta pecunia quod competit usurarum nomine ex die interpositae stipulationis praestetur.

379. l. 61 Dig. de verb. oblig. 45, 1.

Iulianus libro secundo ad Urseium Ferocem Stipulatio hoc modo concepta: 'si heredem me non feceris, tantum dare 'spondes?' inutilis est, quia contra bonos mores est haec stipulatio.

380. Ulpianus lib. sing. reg. 6, 2.

Dotem dicere potest mulier quae nuptura est et debitor mulieris, si iussu eius dicat: item parens mulieris virilis sexus per virilem sexum cognatione iunctus, velut pater avus paternus. dare promittere dotem omnes possunt.

381. l. 1, 2 Dig. de obligat. 44, 7.

Gaius libro secundo aureorum Re contrahitur obligatio mutui datione. mutui autem datio consistit in his rebus, quae pondere numero mensurave constant, veluti vino oleo frumento pecunia numerata, quas res in hoc damus, ut fiant accipientis, postea alias recepturi eiusdem generis et qualitatis.

382. l. 2,2 Dig. de reb. cred. 12,1.

Paulus libro vicensimo octavo ad edictum Appellata est autem mutui datio ab eo, quod de meo tuum fit: et ideo, si non fiat tuum, non nascitur obligatio.

383. l. 1 pr. Dig. de S. C. Maced. 14, 6.

Ulpianus libro vicensimo nono ad edictum Verba senatus consulti Macedoniani haec sunt: 'Cum inter ceteras sceleris 'causas Macedo, quas illi natura administrabat, etiam aes 'alienum adhibuisset, et saepe materiam peccandi malis mori-'bus praestaret, qui pecuniam, ne quid amplius diceretur 'incertis nominibus crederet: placere, ne cui, qui filio familias 'mutuam pecuniam dedisset, etiam post mortem parentis eius, 'cuius in potestate fuisset, actio petitioque daretur, ut scirent, 'qui pessimo exemplo faenerarent, nullius posse filii familias 'bonum nomen exspectata patris morte fieri.'

384. l. 9,1 Dig. de S. C. Maced. 14, 6.

Ulpianus libro vicensimo nono ad edictum Si ab alio donatam sibi pecuniam filius creditori solverit, an pater vindicare vel repetere possit? et ait Iulianus, si quidem hac condicione ei donata sit pecunia, ut creditori solvat, videri a donatore profectam protinus ad creditorem et fieri nummos accipientis: si vero simpliciter ei donavit, alienationem eorum filium non habuisse et ideo, si solverit, condictionem patri ex omni eventu competere.

385. Paul. Sent. II 14, 3.

Traiecticia pecunia propter periculum creditoris, quamdiu navigat navis, infinitas usuras recipere potest.

386. c. 26,2 Cod. de usuris 4, 32.

Imp. Iustinianus A. Menae pp. (a. 528) Ideoque iubemus illustribus quidem personis sive eas praecedentibus minime licere ultra tertiam partem centesimae usurarum in quocumque contractu vili vel maximo stipulari: illos vero, qui ergasteriis praesunt vel aliquam licitam negotiationem gerunt, usque ad bessem centesimae suam stipulationem moderari: in traiecticiis autem contractibus vel specierum fenori dationibus usque ad centesimam tantummodo licere stipulari nec eam excedere, licet veteribus legibus hoc erat concessum: ceteros autem omnes homines dimidiam tantummodo centesimae usurarum posse stipulari etc.

387. l. 8 Dig. commod. 13, 6.

Pomponius libro quinto ad Sabinum Rei commodatae et possessionem et proprietatem retinemus.

388. l. 5, 9. 10 Dig. commod. 13, 6.

Ulpianus libro vicensimo octavo ad edictum Usque adeo autem diligentia in re commodata praestanda est, ut etiam in ea, quae sequitur rem commodatam, praestari debeat: ut puta equam tibi commodavi, quam pullus comitabatur: etiam pulli te custodiam praestare debere veteres responderunt.
10 Interdum plane dolum solum in re commodata qui rogavit praestabit, ut puta si quis ita convenit: vel si sua dumtaxat causa commodavit, sponsae forte suae vel uxori, quo honestius culta ad se deduceretur, vel si quis ludos edens praetor scaenicis commodavit, vel ipsi praetori quis ultro commodavit.

389. l. 17, 3 Dig. commod. 13, 6.

Paulus libro vicensimo nono ad edictum Sicut autem voluntatis et officii magis quam necessitatis est commodare, ita modum commodati finemque praescribere eius est qui beneficium tribuit. cum autem id fecit, id est postquam commodavit, tunc finem praescribere et retro agere atque intempestive usum commodatae rei auferre non officium tantum impedit, sed et suscepta obligatio inter dandum accipiendumque. geritur enim negotium invicem et ideo invicem propositae sunt actiones, ut appareat, quod principio beneficii ac nudae voluntatis fuerat, converti in mutuas praestationes actionesque civiles. ut accidit in eo, qui absentis negotia gerere inchoavit: neque enim impune peritura deseret: suscepisset enim fortassis alius, si is non coepisset: voluntatis est enim suscipere mandatum, necessitatis consummare. igitur si pugillares mihi commodasti, ut debitor mihi caveret, non recte facies importune repetendo: nam si negasses, vel emissem vel testes adhibuissem. idemque est, si ad fulciendam insulam tigna commodasti, deinde protraxisti, aut etiam sciens vitiosa commodaveris: adiuvari quippe nos, non decipi beneficio oportet. ex quibus causis etiam contrarium iudicium utile esse dicendum est.

390. l. 1 pr. Dig. de precario 43, 26.

Ulpianus libro primo institutionum Precarium est, quod precibus petenti utendum conceditur tamdiu, quamdiu is qui concessit patitur.

391. l. 1 pr. Dig. depositi 16, 3.

Ulpianus libro trigensimo ad edictum Depositum est, quod custodiendum alicui datum est, dictum ex eo quod ponitur: praepositio enim de auget depositum, ut ostendat totum fidei eius commissum, quod ad custodiam rei pertinet.

392. l. 25, 1 Dig. depositi 16, 3.

Papinianus libro tertio responsorum Qui pecuniam apud se non obsignatam, ut tantundem redderet, depositam ad usus proprios convertit, post moram in usuras quoque iudicio depositi condemnandus est.

393. pr. Inst. de empt. et vend. 3, 23.

Emptio et venditio contrahitur, simulatque de pretio convenerit, quamvis nondum pretium numeratum sit ac ne arra quidem data fuerit. nam quod arrae nomine datur, argumentum est emptionis et venditionis contractae. sed haec quidem de emptionibus et venditionibus, quae sine scriptura consistunt, optinere oportet: nam nihil a nobis in huiusmodi venditionibus innovatum est. in his autem quae scriptura conficiuntur non aliter perfectam esse emptionem et venditionem constituimus, nisi et instrumenta emptionis fuerint conscripta vel manu propria contrahentium, vel ab alio quidem scripta, a contrahente autem subscripta et, si per tabellionem fiunt, nisi et completiones acceperint et fuerint partibus absoluta. donec enim aliquid ex his deest, et poenitentiae locus est et potest emptor vel venditor sine poena recedere ab emptione. ita tamen impune recedere eis concedimus, nisi iam arrarum nomine aliquid fuerit datum: hoc etenim subsecuto, sive in scriptis sive sine scriptis venditio celebrata est, is qui recusat adimplere contractum, si quidem emptor est, perdit quod dedit, si vero venditor, duplum restituere compellitur, licet nihil super arris expressum est.

394. l. 34, 1 Dig. de contr. empt. 18, 1.

Omnium rerum, quas quis habere vel possidere vel persequi potest, venditio recte fit: quas vero natura vel gentium ius vel mores civitatis commercio exuerunt, earum nulla venditio est.

395. l. 28 Dig. de contr. empt. 18, 1.

Ulpianus libro quadragensimo primo ad Sabinum Rem alienam distrahere quem posse nulla dubitatio est: nam emptio est et venditio: sed res emptori auferri potest.

396. l. 8, 1 Dig. de contr. empt. 18, 1.

Pomponius libro nono ad Sabinum Aliquando tamen et sine re venditio intellegitur, veluti cum quasi alea emitur. quod fit, cum captum piscium vel avium vel missilium emitur: emptio enim contrahitur etiam si nihil inciderit, quia spei emptio est: et quod missilium nomine eo casu captum est si evictum fuerit, nulla eo nomine ex empto obligatio contrahitur, quia id actum intellegitur.

397. l. 7, 1 Dig. de contr. empt. 18, 1.

Ulpianus libro vicensimo octavo ad Sabinum Huiusmodi emptio ‘quanti tu eum emisti’, ‘quantum pretii in arca habeo’, valet: nec enim incertum est pretium tam evidenti venditione: magis enim ignoratur, quanti emptus sit, quam in rei veritate incertum est.

398. l. 8 pr. Dig. de peric. et comm. rei vend. 18, 6.

Paulus libro trigesimo tertio ad edictum Necessario sciendum est, quando perfecta sit emptio: tunc enim sciemus, cuius periculum sit: nam perfecta emptione periculum ad emptorem respiciet. et si id quod venierit appareat quid quale quantumque sit, sit et pretium, et pure venit, perfecta est emptio.

399. l. 25, 1 Dig. de contr. empt. 18, 1.

Ulpianus libro trigesimo quarto ad Sabinum Qui vendidit, necesse non habet fundum emptoris facere, ut cogitur qui fundum stipulanti spopondit.

400. l. 30, 1 Dig. de act. empti vend. 19, 1.

Africanus libro octavo quaestionum Si sciens alienam rem ignoranti mihi vendideris, etiam priusquam evincatur utiliter me ex empto acturum putavit in id, quanti mea intersit meam esse factam: quamvis enim alioquin verum sit venditorem hactenus teneri, ut rem emptori habere liceat, non etiam ut eius faciat, quia tamen dolum malum abesse praestare debeat, teneri eum, qui sciens alienam, non suam ignoranti vendidit: id est maxime, si manumissuro vel pignori daturo vendiderit.

401. l. 11, 2 Dig. de act. empti vend. 19, 1.

Ulpianus libro trigesimo secundo ad edictum Et in primis ipsam rem praestare venditorem oportet, id est tradere: quae res, si quidem dominus fuit venditor, facit et emptorem dominum, si non fuit, tantum evictionis nomine venditorem obligat, si modo pretium est numeratum aut eo nomine satisfactum. emptor autem nummos venditoris facere cogitur.

402. l. 19, 3 Dig. de aedil. ed. 21, 1.

Ulpianus libro primo ad edictum aedilium curulium Ea autem sola dicta sive promissa admittenda sunt, quaecumque sic dicuntur, ut praestentur, non ut iactentur.

403. l. 37 Dig. de dolo 4, 3.

Ulpianus libro quadragensimo quarto ad Sabinum Quod venditor ut commendet dicit, sic habendum, quasi neque dictum neque promissum est. si vero decipiendi emptoris causa dictum est, aeque sic habendum est, ut non nascatur adversus dictum promissumve actio, sed de dolo actio.

404. l. 13 pr. Dig de act. empti vend. 19, 1.

Ulpianus libro trigesimo secundo ad edictum Iulianus libro quinto decimo inter eum, qui sciens quid aut ignorans vendidit, differentiam facit in condemnatione ex empto: ait enim, qui pecus morbosum aut tignum vitiosum vendidit, si quidem ignorans fecit, id tantum ex empto actione praestaturum, quanto minoris essem empturus, si id ita esse scissem: si vero sciens reticuit et emptorem decepit, omnia detrimenta, quae ex ea emptione emptor traxerit, praestaturum ei: sive igitur aedes vitio tigni corruerunt, aedium aestimationem, sive pecora contagione morbosi pecoris perierunt, quod interfuit idonea venisse erit praestandum.

405. l. 1, 2 Dig. de aedil. ed. 21, 1.

Ulpianus libro primo ad edictum aedilium curulium Causa huius edicti proponendi est, ut occurratur fallaciis vendentium et emptoribus sucurratur, quicumque decepti a venditoribus fuerint: dummodo sciamus venditorem, etiamsi ignoravit ea quae aediles praestari iubent, tamen teneri debere. nec est hoc iniquum: potuit enim ea nota habere venditor: neque enim interest emptoris, cur fallatur, ignorantia venditoris an calliditate.

406. l. 23, 7 Dig. de aedil. ed. 21, 1.

Ulpianus libro primo ad edictum aedilium curulium Iulianus ait iudicium redhibitoriae actionis utrumque, id est venditorem et emptorem quodammodo in integrum restituere debere.

407. l. 31, 11 Dig. de aedil. ed. 21, 1.

Ulpianus libro primo ad edictum aedilium curulium Si mancipium quod redhiberi oportet mortuum erit, hoc quaeretur, numquid culpa emptoris vel familiae eius vel procuratoris homo demortuus sit: nam si culpa eius decessit, pro vivo habendus est, ut praestentur ea omnia, quae praestarentur, si viveret.

407a. l. 38, 3 Dig. de aedil. ed. 21, 1.

Ulpianus libro secundo ad edictum aedilium curulium Et fere eadem sunt in his (iumentis), quae in mancipiis, quod ad morbum vitiumve attinet: quidquid igitur illic diximus, huc erit transferendum. et si mortuum fuerit iumentum, pari modo redhiberi poterit, quemadmodum mancipium potest.

408. c. 2 Cod. de resc. vend. 4, 44.

Impp. Diocletianus et Maximianus AA. Aurelio Lupo (a. 285) Rem maioris pretii si tu vel pater tuus minoris pretii distraxit, humanum est, ut vel pretium te restituente emptoribus fundum venditum recipias auctoritate intercedente iudicis, vel, si emptor elegerit, quod deest iusto pretio recipias. minus autem pretium esse videtur, si nec dimidia pars veri pretii soluta sit.

409. l. 2 pr. Dig. locati conducti 19, 2.

Gaius libro secundo rerum cottidianarum Locatio et conductio proxima est emptioni et venditioni isdemque iuris regulis constitit: nam ut emptio et venditio ita contrahitur, si de pretio convenerit, sic et locatio et conductio contrahi intellegitur, si de mercede convenerit.

410. l. 25, 1 Dig. locati conducti 19, 2.

Gaius libro decimo ad edictum provinciale Qui fundum fruendum vel habitationem alicui locavit, si aliqua ex causa fundum vel aedes vendat, curare debet, ut apud emptorem quoque eadem pactione et colono frui et inquilino habitare liceat: alioquin prohibitus is aget cum eo ex conducto.

411. l. 55, 1 Dig. locati conducti 19, 2.

Paulus libro secundo sententiarum In conducto fundo si conductor sua opera aliquid necessario vel utiliter auxerit vel aedificaverit vel instituerit, cum id non convenisset, ad recipienda ea quae impendit ex conducto cum domino fundi experiri potest.

412. l. 19, 4 Dig. locati conducti 19, 2.

Ulpianus libro trigesimo secundo ad edictum Si inquilinus ostium vel quaedam alia aedificio adiecerit, quae actio locum habeat? et est verius quod Labeo scripsit competere ex conducto actionem, ut ei tollere liceat, sic tamen, ut damni infecti caveat, ne in aliquo dum aufert deteriorem causam aedium faciat, sed ut pristinam faciem aedibus reddat.

413. l. 25, 6 Dig. locati conducti 19, 2.

Gaius libro decimo ad edictum provinciale Vis maior, quam Graeci θεοῦ βίαν appellant, non debet conductori damnosa esse, si plus, quam tolerabile est, laesi fuerint fructus: alioquin modicum damnum aequo animo ferre debet colonus, cui immodicum lucrum non aufertur. apparet autem de eo nos colono dicere, qui ad pecuniam numeratam conduxit: alioquin partiarius colonus quasi societatis iure et damnum et lucrum cum domino fundi partitur.

414. Paul. Sent. II 18, 1.

Homo liber, qui statum suum in potestate habet, et peiorem eum et meliorem facere potest: atque ideo operas suas diurnas nocturnasque locat.

415. l. 38 pr. Dig. locati conducti 19, 2.

Paulus libro singulari regularum Qui operas suas locavit, totius temporis mercedem accipere debet, si per eum non stetit, quo minus operas praestet.

416. l. 5, 1 Dig. de verb. signif. 50, 16.

Paulus libro secundo ad edictum 'Opere locato conducto': his verbis Labeo significari ait id opus, quod Graeci ἀποτέλεσμα vocant, non ἔργον, id est ex opere facto corpus aliquod perfectum.

417. l. 9, 5 Dig. locati conducti 19, 2.

Ulpianus libro trigesimo secundo ad edictum Celsus etiam imperitiam culpae adnumerandam libro octavo digestorum scripsit: si quis vitulos pascendos vel sarciendum quid poliendumve conduxit, culpam eum praestare debere et quod imperitia peccavit, culpam esse: quippe ut artifex, inquit, conduxit.

418. l. 59 Dig. locati conducti 19, 2.

Iavolenus libro quinto Labeonis posteriorum Marcius domum faciendam a Flacco conduxerat: deinde operis parte effecta terrae motu concussum erat aedificum. Massurius Sabinus, si vi naturali, veluti terrae motu hoc acciderit, Flacci esse periculum.

419. l. 2 pr. de leg. Rhod. 14, 2.

Paulus libro trigensimo quarto ad edictum Si laborante nave iactus factus est, amissarum mercium domini, si merces vehendas locaverant, ex locato cum magistro navis agere debent: is deinde cum reliquis, quorum merces salvae sunt, ex conducto, ut detrimentum pro portione communicetur, agere potest. Servius quidem respondit ex locato agere cum magistro navis debere, ut ceterorum vectorum merces retineat, donec portionem damni praestent. immo etsi retineat merces magister, ultro ex locato habiturus est actionem cum vectoribus: quid enim si vectores sint, qui nullas sarcinas habeant? plane commodius est, si sint, retinere eas. at si *quis* non totam navem conduxerit, ex conducto aget, sicut vectores, qui loca in navem conduxerunt: aequissimum enim est commune detrimentum fieri eorum, qui propter amissas res aliorum consecuti sunt, ut merces suas salvas haberent.

420. l. 1, 4 Dig. mandati 17, 1.

Paulus libro trigensimo secundo ad edictum Mandatum nisi gratuitum nullum est: nam originem ex officio atque amicitia trahit, contrarium ergo est officio merces: interveniente enim pecunia res ad locationem et conductionem potius respicit.

421. l. 36, 1 Dig. mandati 17, 1.

Iavolenus libro septimo ex Cassio Simili modo et in illa specie, ubi certo pretio tibi emere mandavi et aliarum partium nomine commode negotium gessisti et vilius emeris, pro tua parte tantum tibi praestatur, quanti interest tua, dummodo intra id pretium, quod mandato continetur. quid enim fiet, si exiguo pretio hi, cum quibus tibi communis fundus erat, rem abicere vel necessitate rei familiaris vel alia causa cogerentur? non etiam tu ad idem dispendium deduceris. sed nec lucrum tibi ex hac causa adquirere debes, cum mandatum gratuitum esse debet: neque enim tibi concedendum est propter hoc venditionem impedire, quod animosiorem eius rei emptorem esse quam tibi mandatum est cognoveris.

422. l. 1 pr. § 1 Dig. de extraord. cognit. 50, 13.

Ulpianus libro octavo de omnibus tribunalibus Praeses provinciae de mercedibus ius dicere solet, sed praeceptoribus tantum studiorum liberalium. liberalia autem studia accipimus, quae Graeci ἐλευθέρια appellant: rhetores continebuntur, grammatici, geometrae. Medicorum quoque eadem causa est quae professorum, nisi quod iustior, cum hi salutis hominum, illi studiorum curam agant: et ideo his quoque extra ordinem ius dici debet.

423. l. 1, 4. 5 Dig. de extraord. cognit. 50, 13.

Ulpianus libro octavo de omnibus tribunalibus An et philosophi professorum numero sint? et non putem, non quia non religiosa res est, sed quia hoc primum profiteri eos oportet mercennariam operam spernere. Proinde ne iuris quidem civilis professoribus ius dicent: est quidem res sanctissima civilis sapientia, sed quae pretio nummario non sit aestimanda nec dehonestanda, dum in iudicio honor petitur, qui in ingressu sacramenti offerri debuit. quaedam enim tametsi honeste accipiantur, inhoneste tamen petuntur.

424. l. 6, 3 Dig. mandati 17, 1.

Ulpianus libro trigensimo primo ad edictum Rei turpis nullum mandatum est et ideo hac actione non agetur.

425. l. 22, 6 Dig. mandati 17, 1.

Paulus libro trigensimo secundum ad edictum Qui aedem sacram spoliandam, hominem vulnerandum, occidendum [mandatum] suscipiat, nihil mandati iudicio consequi potest propter turpitudinem mandati.

426. l. 42, 2 Dig. de procurat. et defensor. 3, 3.

Paulus libro octavo ad edictum Ea obligatio, quae inter dominum et procuratorem consistere solet, mandati actionem parit. aliquando tamen non contrahitur obligatio mandati: sicut evenit, cum in rem suam procuratorem praestamus eoque nomine iudicatum solvi promittimus: nam si ex ea promissione aliquid praestiterimus, non mandati, sed ex vendito (si hereditatem vendidimus) vel ex pristina causa mandati agere debemus: ut fit cum fideiussor reum procuratorem dedit.

427. l. 20 pr. Dig. mandati 17, 1.

Paulus libro undecimo ad Sabinum Ex mandato apud eum qui mandatum suscepit nihil remanere oportet, sicuti nec damnum pati debet, si exigere faeneratam pecuniam non potuit.

428. l. 26, 6 Dig. mandati 17, 1.

Paulus libro trigensimo secundo ad edictum Non omnia, quae inpensurus non fuit mandator, imputabit, veluti quod spoliatus sit a latronibus aut naufragio res amiserit vel languore suo suorumque adprehensus quaedam erogaverit: nam haec magis casibus quam mandato imputari oportet.

429. l. 22, 11 Dig. mandati 17, 1.

Paulus libro trigensimo secundo ad edictum Sicut autem liberum est mandatum non suscipere, ita susceptum consummari oportet, nisi renuntiatum sit (renuntiari autem ita potest, ut integrum ius mandatori reservetur vel per se vel per alium eandem rem commode explicandi) aut si redundet in eum captio qui suscepit mandatum. et quidem si is cui mandatum est ut aliquid mercaretur mercatus non sit neque renuntiaverit se non empturum idque sua, non alterius culpa fecerit, mandati actione teneri eum convenit: hoc amplius tenebitur, sicuti Mela quoque scripsit, si eo tempore per fraudem renuntiaverit, cum iam recte emere non posset.

430. l. 26 pr. Dig. mandati 17, 1.

Paulus libro trigensimo secundo ad edictum Inter causas omittendi mandati etiam mors mandatoris est: nam mandatum solvitur morte. si tamen per ignorantiam impletum est, competere actionem utilitatis causa dicitur. Iulianus quoque scripsit mandatoris morte solvi mandatum, sed obligationem aliquando durare.

431. l. 2, 6 Dig. mandati 17, 1.

Gaius libro secundo cottidianarum Tua autem gratia intervenit mandatum, veluti si mandem tibi, ut pecunias tuas potius in emptiones praediorum colloces quam faeneres, vel ex diverso ut faeneres potius quam in emptiones praediorum colloces: cuius generis mandatum magis consilium est quam mandatum et ob id non est obligatorium, quia nemo ex consilio obligatur, etiamsi non expediat ei cui dabatur, quia liberum est cuique apud se explorare, an expediat sibi consilium.

432. l. 6, 5 Dig. mandati 17, 1.

Ulpianus libro trigensimo primo ad edictum Plane si tibi mandavero quod tua intererat, nulla erit mandati actio, nisi mea quoque interfuit: aut, si non esses facturus, nisi ego mandassem, etsi mea non interfuit, tamen erit mandati actio.

433. l. 1, 1 Dig. pro socio 17, 2.

Paulus libro trigesimo secundo ad edictum In societate omnium bonorum omnes res quae coeuntium sunt continuo communicantur.

434. l. 7 Dig. pro socio 17, 2.

Ulpianus libro trigesimo ad Sabinum Coiri societatem et simpliciter licet: et si non fuerit distinctum, videtur coita esse universorum quae ex quaestu veniunt, hoc est si quod lucrum ex emptione venditione, locatione conductione descendit.

435. l. 5, 1 Dig. pro socio 17, 2.

Ulpianus libro trigesimo primo ad edictum Societas autem coiri potest et valet etiam inter eos, qui non sunt aequis facultatibus, cum plerumque pauperior opera suppleat, quantum ei per comparationem patrimonii deest. donationis causa societas recte non contrahitur.

436. § 2 Inst. de societate 3, 25.

De illa sane conventione quaesitum est, si Titius et Seius inter se pacti sunt, ut ad Titium lucri duae partes pertineant, damni tertia, ad Seium duae partes damni, lucri tertia, an rata debet haberi conventio? Quintus Mucius contra naturam societatis talem pactionem esse existimavit et ob id non esse ratam habendam. Servius Sulpicius, cuius sententia praevaluit, contra sentit, quia saepe quorundam ita pretiosa est opera in societate, ut eos iustum sit meliore condicione in societatem admitti: nam et ita coiri posse societatem non dubitatur, ut alter pecuniam conferat, alter non conferat et tamen lucrum inter eos commune sit, quia saepe opera alicuius pro pecunia valet. et adeo contra Quinti Mucii sententiam optinuit, ut illud quoque constiterit posse convenire, ut quis lucri partem ferat, damno non teneatur, quod et ipsum Servius convenienter sibi existimavit: quod tamen ita intellegi oportet, ut, si in aliqua re lucrum, in aliqua damnum allatum sit, compensatione facta solum quod superest intellegatur lucri esse.

437. l. 29, 2 Dig. pro socio 17, 2.

Ulpianus libro trigensimo ad Sabinum Aristo refert Cassium respondisse societatem talem coiri non posse, ut alter lucrum tantum, alter damnum sentiret, et hanc societatem leoninam solitum appellare: et nos consentimus talem societatem nullam esse, ut alter lucrum sentiret, alter vero nullum lucrum, sed damnum sentiret: iniquissimum enim genus societatis est, ex qua quis damnum, non etiam lucrum spectet.

438. l. 52, 4 Dig. pro socio 17, 2.

Ulpianus libro trigensimo primo ad edictum Quidam sagariam negotiationem coierunt: alter ex his ad merces comparandas profectus in latrones incidit suamque pecuniam perdidit, servi eius vulnerati sunt resque proprias perdidit. dicit Iulianus damnum esse commune ideoque actione pro socio damni partem dimidiam adgnoscere debere tam pecuniae quam rerum ceterarum, quas secum non tulisset socius nisi ad merces communi nomine comparandas proficisceretur. sed et si quid in medicos impensum est, pro parte socium agnoscere debere rectissime Iulianus probat. proinde et si naufragio quid periit, cum non alias merces quam navi solerent advehi, damnum ambo sentient: nam sicuti lucrum, ita damnum quoque commune esse oportet, quod non culpa socii contingit.

439. l. 4, 1 Dig. pro socio 17, 2.

Modestinus libro tertio regularum Dissociamur renuntiatione morte capitis minutione et egestate.

440. l. 65, 3. 4 Dig. pro socio 17, 2.

Paulus libro trigensimo secundo ad edictum Diximus dissensu solvi societatem: hoc ita est, si omnes dissentiunt. quid ergo, si unus renuntiet? Cassius scripsit eum qui renuntiaverit societati a se quidem liberare socios suos, se autem ab illis non liberare. quod utique observandum est, si dolo malo renuntiatio facta sit, veluti si, cum omnium bonorum societatem inissemus, deinde cum obvenisset uni hereditas, propter hoc renuntiavit: ideoque si quidem damnum attulerit hereditas, hoc ad eum qui renuntiavit pertinebit, commodum autem communicare cogetur actione pro socio. quod si quid post renuntiationem adquisierit, non erit communicandum,
4 quia nec dolus admissus est in eo. Item si societatem ineamus ad aliquam rem emendam, deinde solus volueris eam emere ideoque renuntiaveris societati, ut solus emeres, teneberis quanti interest mea: sed si ideo renuntiaveris, quia emptio tibi displicebat, non teneberis, quamvis ego emero, quia hic nulla fraus est: eaque et Iuliano placent.

441. l. 14 Dig. pro socio 17, 2.

Ulpianus libro trigesimo ad Sabinum Si convenerit inter socios, ne intra certum tempus communis res dividatur, non videtur convenisse, ne societate abeatur. quid tamen si hoc convenit, ne abeatur, an valeat? eleganter Pomponius scripsit frustra hoc convenire: nam et si non convenit, si tamen intempestive renuntietur societati, esse pro socio actionem. sed et si convenit, ne intra certum tempus societate abeatur, et ante tempus renuntietur, potest rationem habere renuntiatio. nec tenebitur pro socio qui ideo renuntiavit, quia condicio quaedam, qua societas erat coita, ei non praestatur: aut quid si ita iniuriosus et damnosus socius sit, ut non expediat eum pati?

442. l. 65, 6 Dig. pro socio 17, 2.

Paulus libro trigensimo secundo ad edictum Item qui societatem in tempus coit, eam ante tempus renuntiando socium a se, non se a socio liberat: itaque si quid compendii postea factum erit, eius partem non fert, at si dispendium, aeque praestabit portionem: nisi renuntiatio ex necessitate quadam facta sit. quod si tempus finitum est, liberum est recedere, quia sine dolo malo id fiat.

443. l. 7, 2 Dig. de pactis 2, 14.

Ulpianus libro quarto ad edictum Sed et si in alium contractum res non transeat, subsit tamen causa, eleganter Aristo Celso respondit esse obligationem. ut puta dedi tibi rem ut mihi aliam dares, dedi ut aliquid facias: hoc συνάλλαγμα esse et hinc nasci civilem obligationem. et ideo puto recte Iulianum a Mauriciano reprehensum in hoc: dedi tibi Stichum ut Pamphilum manumittas: manumisisti: evictus est Stichus. Iulianus scribit in factum actionem a praetore dandam: ille ait civilem incerti actionem, id est praescriptis verbis sufficere: esse enim contractum, quod Aristo συνάλλαγμα dicit, unde haec nascitur actio.

444. l. 22 Dig. de praescript. verb. 19, 5.

Gaius libro decimo ad edictum provinciale Si tibi polienda sarciendave vestimenta dederim, si quidem gratis hanc operam te suscipiente, mandati est obligatio, si vero mercede data aut constituta, locationis conductionisque negotium geritur. quod si neque gratis hanc operam susceperis neque protinus aut data aut constituta sit merces, sed eo animo negotium gestum fuerit, ut postea tantum mercedis nomine daretur, quantum inter nos statutum sit, placet quasi de novo negotio in factum dandum esse iudicium, id est praescriptis verbis.

445. l. 5 pr. Dig. de praescript. verb. 19, 5.

Paulus libro quinto quaestionum Naturalis meus filius servit tibi et tuus filius mihi: convenit inter nos, ut et tu meum manumitteres et ego tuum: ego manumisi, tu non manumisisti: qua actione mihi teneris, quaesitum est. in hac quaestione totius ob rem dati tractatus inspici potest. qui in his competit speciebus: aut enim do tibi ut des, aut do ut facias, aut facio ut des, aut facio ut facias: in quibus quaeritur, quae obligatio nascatur.

446. l. 1, 2 Dig. de rer. permut. 19, 4.

Paulus libro trigesimo secundo ad edictum Item emptio ac venditio nuda consentientium voluntate contrahitur, permutatio autem ex re tradita initium obligationi praebet: alioquin si res nondum tradita sit, nudo consensu constitui obligationem dicemus, quod in his dumtaxat receptum est, quae nomen suum habent, ut in emptione venditione, conductione, mandato.

447. l. 1 Dig. de aestimatoria 19, 3.

Ulpianus libro trigesimo secundo ad edictum Actio de aestimato proponitur tollendae dubitationis gratia: fuit enim magis dubitatum, cum res aestimata vendenda datur, utrum ex vendito sit actio propter aestimationem, an ex locato, quasi rem vendendam locasse videor, an ex conducto, quasi operas conduxissem, an mandati. melius itaque visum est hanc actionem proponi: quotiens enim de nomine contractus alicuius ambigeretur, conveniret tamen aliquam actionem dari, dandam aestimatoriam praescriptis verbis actionem: est enim negotium civile gestum et quidem bona fide. quare omnia et hic locum habent, quae in bonae fidei iudiciis diximus.
1 Aestimatio autem periculum facit eius qui suscepit: aut igitur ipsam rem debebit incorruptam reddere aut aestimationem de qua convenit.

448. l. 17, 1 Dig. de praescr. verb. 19, 5.

Ulpianus libro vicesimo octavo ad edictum Si margarita tibi aestimata dedero, ut aut eadem mihi adferres aut pretium eorum, deinde haec perierint ante venditionem, cuius periculum sit? et ait Labeo, quod et Pomponius scripsit, si quidem ego te venditor rogavi, meum esse periculum: si tu me, tuum:

si neuter nostrum, sed dumtaxat consensimus, teneri te hactenus, ut dolum et culpam mihi praestes. actio autem ex hac causa utique erit praescriptis verbis.

449. l. 7, 4 Dig. de pactis 2, 14.

Ulpianus libro quarto ad edictum Sed cum nulla subest causa, propter conventionem hic constat non posse constitui obligationem: igitur nuda pactio obligationem non parit, sed parit exceptionem.

450. l. 7, 7 Dig. de pactis 2, 14.

Ulpianus libro quarto ad edictum Ait praetor: 'Pacta con-'venta, quae neque dolo malo, neque adversus leges plebis 'scita senatus consulta decreta edicta principum, neque quo 'fraus cui eorum fiat, facta erunt, servabo.'

451. l. 7, 5 Dig. de pactis 2, 14.

Ulpianus libro quarto ad edictum Quin immo interdum format ipsam actionem, ut in bonae fidei iudiciis: solemus enim dicere pacta conventa inesse bonae fidei iudiciis. sed hoc sic accipiendum est, ut si quidem ex continenti pacta subsecuta sunt, etiam ex parte actoris insint: si ex intervallo, non inerunt, nec valebunt, si agat, ne ex pacto actio nascatur. ut puta post divortium convenit, ne tempore statuto dilationis dos reddatur, sed statim: hoc non valebit, ne ex pacto actio nascatur: idem Marcellus scribit. et si in tutelae actione convenit, ut maiores quam statutae sunt usurae praestentur, locum non habebit, ne ex pacto nascatur actio: ea enim pacta insunt, quae legem contractui dant, id est quae in ingressu contractus facta sunt. idem responsum scio a Papiniano, et si post emptionem ex intervallo aliquid extra naturam contractus conveniat, ob hanc causam agi ex empto non posse propter eandem regulam, ne ex pacto actio nascatur. quod et in omnibus bonae fidei iudiciis erit dicendum. sed ex parte rei locum habebit pactum, quia solent et ea pacta, quae postea interponuntur, parere exceptiones.

452. l. 13, 30 Dig. de act. empti vend. 19, 1.

Ulpianus libro trigesimo secundo ad edictum Si venditor habitationem exceperit, ut inquilino liceat habitare, vel colono ut perfrui liceat ad certum tempus, magis esse Servius putabat ex vendito esse actionem: denique Tubero ait, si iste colonus damnum dederit, emptorem ex empto agentem cogere posse venditorem, ut ex locato cum colono experiatur, ut quidquid fuerit consecutus, emptori reddat.

453. l. 6, 1 Dig. de act. empti vend. 19, 1.

Pomponius libro nono ad Sabinum Si vendidi tibi insulam certa pecunia et ut aliam insulam meam reficeres, agam ex vendito, ut reficias: si autem hoc solum, ut reficeres eam, convenisset, non intellegitur emptio et venditio facta, ut et Neratius scripsit.

453a. l. 75 Dig. de contrah. empt. 18, 1.

Hermogenianus libro secundo iuris epitomarum Qui fundum vendidit, ut eum certa mercede conductum ipse habeat vel, si vendat, non alii, sed sibi distrahat vel simile aliquid paciscatur: ad complendum id, quod pepigerunt, ex vendito agere poterit.

454. l. 4, 3 Dig. de pactis 2, 14.

Paulus libro tertio ad edictum Ex facto etiam consultus, cum convenisset, ut donec usurae solverentur sors non peteretur, et stipulatio pure concepta fuisset, condicionem inesse stipulationi, atque si hoc expressum fuisset.

455. l. 14, 3 Dig. de pecun. constit. 13, 5.

Ulpianus libro vicensimo septimo ad edictum Constituere autem et praesentes et absentes possumus, sicut pacisci, et per nuntium et per nosmet ipsos, et quibuscumque verbis.

456. l. 18, 1 Dig. de pecun. const. 13, 5.

Ulpinianus libro vicensimo septimo ad edictum Quod adicitur: 'eamque pecuniam cum constituebatur debitam fuisse', interpretationem pleniorem exigit. nam primum illud efficit, ut, si quid tunc debitum fuit cum constitueretur, nunc non sit, nihilo minus teneat constitutum, quia retrorsum se actio refert. proinde temporali actione obligatum constituendo Celsus et Iulianus scribunt teneri debere, licet post constitutum dies temporalis actionis exierit. quare et si post tempus obligationis se soluturum constituerit, adhuc idem

Iulianus putat, quoniam eo tempore constituit, quo erat obligatio, licet in id tempus quo non tenebatur.

457. l. 82 Dig. de reg. iur. 50, 17.

Papinianus libro nono responsorum Donari videtur, quod nullo iure cogente conceditur.

458. l. 34, 1 Dig. de donation. 39, 5.

Paulus libro quinto sententiarum Si quis aliquem a latrunculis vel hostibus eripuit et aliquid pro eo ab ipso accipiat, haec donatio inrevocabilis est: non merces eximii laboris appellanda est, quod contemplatione salutis certo modo aestimari non placuit.

459. l. 33 pr. Dig. de donation. 39, 5.

Hermogenianus libro sexto iuris epitomarum Qui id, quod ex causa donationis stipulanti spoponderat, solvi constituit, actione constitutae pecuniae non in solidum, sed in quantum facere potest convenitur: causam enim et originem constitutae pecuniae, non iudicii potestatem praevalere placuit. sed et condemnatus ex causa donationis in actione iudicati non frustra desiderat in quantum facere potest conveniri.

460. l. 12 Dig. de donation. 39, 5.

Ulpianus libro tertio disputationum Qui ex donatione se obligavit, ex rescripto divi Pii in quantum facere potest convenitur. sed enim id, quod creditoribus debetur, erit detrahendum: haec vero, de quibus ex eadem causa quis obstrictus est, non debebit detrahere.

461. l. 19, 1 Dig. de re iudic. 42, 1.

Paulus libro sexto ad Plautium Is quoque, qui ex causa donationis convenitur, in quantum facere potest condemnatur et quidem is solus deducto aere alieno: et inter eos, quibus ex simili causa pecunia debetur, occupantis potior erit causa. immo nec totum quod habet extorquendum ei puto: sed et ipsius ratio habenda est, ne egeat.

462. l. 18, 3 Dig. de donation. 39, 5.

Ulpianus libro septuagensimo primo ad edictum Labeo ait, si quis mihi rem alienam donaverit inque eam sumptus magnos fecero et sic mihi evincatur, nullam mihi actionem contra donatorem competere: plane de dolo posse me adversus eum habere actionem, si dolo fecit.

463. Paul. Sent. V 11, 5.

Invitus donator de evictione rei donatae promittere non cogitur, nec eo nomine, si promiserit, oneratur, quia lucrativae rei possessor ab evictionis actione ipsa iuris ratione depellitur.

464. l. 3 pr. Dig. de negot. gest. 3, 5.

Ulpianus libro decimo ad edictum Ait praetor: 'Si quis 'negotia alterius, sive quis negotia, quae cuiusque cum is 'moritur fuerint, gesserit: iudicium eo nomine dabo.'

465. l. 12 Dig. de negot. gest. 3, 5.

Paulus libro nono ad edictum Debitor meus, qui mihi quinquaginta debebat, decessit: huius hereditatis curationem suscepi et impendi decem: deinde redacta ex venditione rei hereditariae centum in arca reposui: haec sine culpa mea perierunt. quaesitum est, an ab herede, qui quandoque extitisset, vel creditam pecuniam quinquaginta petere possim vel decem quae impendi. Iulianus scribit in eo verti quaestionem, ut animadvertamus, an iustam causam habuerim seponendorum centum: nam si debuerim et mihi et ceteris hereditariis creditoribus solvere, periculum non solum sexaginta, sed et reliquorum quadraginta me praestaturum, decem tamen quae impenderim retenturum, id est sola nonaginta restituenda. si vero iusta causa fuerit, propter quam integra centum custodirentur, veluti si periculum erat, ne praedia in publicum committerentur, ne poena traiecticiae pecuniae augeretur aut ex compromisso committeretur: non solum decem, quae in hereditaria negotia impenderim, sed etiam quinquaginta quae mihi debita sunt ab herede me consequi posse.

466. l. 9, 1 Dig. de negot. gest. 3, 5.

Ulpianus libro decimo ad edictum Is autem qui negotiorum gestorum agit non solum si effectum habuit negotium quod gessit, actione ista utetur, sed sufficit, si utiliter gessit, etsi effectum non habuit negotium. et ideo si insulam fulsit vel servum aegrum curavit, etiamsi insula exusta est vel servus obiit, aget negotiorum gestorum: idque et Labeo probat. sed ut Celsus refert, Proculus apud eum notat non semper debere dari. quid enim si eam insulam fulsit, quam dominus quasi impar sumptui dereliquerit vel quam sibi necessariam non putavit? oneravit, inquit, dominum secundum Labeonis sententiam, cum unicuique liceat et damni infecti nomine rem derelinquere. sed istam sententiam Celsus eleganter deridet: is enim negotiorum gestorum, inquit, habet actionem, qui utiliter negotia gessit: non autem utiliter negotia gerit, qui rem non necessariam vel quae oneratura est patrem familias adgreditur. iuxta hoc est et, quod Iulianus scribit, eum qui insulam fulsit vel servum aegrotum curavit, habere negotiorum gestorum actionem, si utiliter hoc faceret, licet eventus non sit secutus. ego quaero: quid si putavit se utiliter facere, sed patri familias non expediebat? dico hunc non habiturum negotiorum gestorum actionem: ut enim eventum non spectamus, debet utiliter esse coeptum.

467. l. 26, 1 Dig. de negot. gest. 3, 5.

Modestinus libro secundo responsorum Titium, si pietatis respectu sororis aluit filiam, actionem hoc nomine contra eam non habere respondi.

468. l. 20 pr. Dig. de negot. gest. 3, 5.

Paulus libro nono ad edictum Nam et Servius respondit, ut est relatum apud Alfenum libro trigensimo nono digestorum: cum a Lusitanis tres capti essent et unus ea condicione missus, uti pecuniam pro tribus adferret, et nisi redisset, ut duo pro eo quoque pecuniam darent, isque reverti noluisset et ob hanc causam illi pro tertio quoque pecuniam solvissent: Servius respondit aequum esse praetorem in eum reddere iudicium.

469. l. 5, 5 Dig. de negot. gest. 3, 5.

Ulpianus libro decimo ad edictum Sed et si quis negotia mea gessit non mei contemplatione, sed sui lucri causa, Labeo scripsit suum eum potius quam meum negotium gessisse (qui enim depraedandi causa accedit, suo lucro, non meo commodo studet): sed nihilo minus, immo magis et is tenebitur negotiorum gestorum actione. ipse tamen si circa res meas aliquid impenderit, non in id quod ei abest, quia improbe ad negotia mea accessit, sed in quod ego locupletior factus sum habet contra me actionem.

470. l. 48 Dig. de negot. gest. 3, 5.

Africanus libro octavo quaestionum Si rem, quam servus venditus subripuisset a me venditore, emptor vendiderit eaque in rerum natura esse desierit, de pretio negotiorum gestorum actio mihi danda sit, ut dari deberet, si negotium, quod tuum esse existimares, cum esset meum, gessisses: sicut ex contrario in me tibi daretur, si, cum hereditatem quae ad me pertinet tuam putares, res tuas proprias legatas solvisses, quandoque de ea solutione liberarer.

471. l. 3, 1 Dig. nautae caup. stab. 4, 9.

Ulpianus libro quarto decimo ad edictum Ait praetor: 'nisi restituent, in eos iudicium dabo'. ex hoc edicto in factum actio proficiscitur. sed an sit necessaria, videndum, quia agi civili actione ex hac causa poterit: si quidem merces intervenerit, ex locato vel conducto: sed si tota navis locata sit, qui conduxit ex conducto etiam de rebus quae desunt agere potest: si vero res perferendas nauta conduxit, ex locato convenietur: sed si gratis res susceptae sint, ait Pomponius depositi agi potuisse. miratur igitur, cur honoraria actio sit inducta, cum sint civiles: nisi forte, inquit, ideo, ut innotesceret praetor curam agere reprimendae improbitatis hoc genus hominum: et quia in locato conducto culpa, in deposito dolus dumtaxat praestatur, at hoc edicto omnimodo qui receperit tenetur, etiamsi sine culpa eius res periit vel damnum datum est, nisi si quid damno fatali contingit. inde Labeo scribit, si quid naufragio aut per vim piratarum perierit, non esse iniquum exceptionem ei dari. idem erit dicendum et si in stabulo aut in caupona vis maior contigerit.

472. § 3 Inst. de obl. quae quasi ex del. nasc. 4, 5.

Item exercitor navis aut cauponae aut stabuli de dolo aut furto, quod in nave aut in caupona aut in stabulo factum erit, quasi ex maleficio teneri videtur, si modo ipsius nullum est maleficium, sed alicuius eorum, quorum opera navem aut cauponam aut stabulum exerceret: cum enim neque ex contractu sit adversus eum constituta haec actio et aliquatenus culpae reus est, quod opera malorum hominum uteretur, ideo quasi ex maleficio teneri videtur. in his autem casibus in factum actio competit, quae heredi quidem datur, adversus heredem autem non competit.

473. l. 206 Dig. de reg. iur. 50, 17.

Pomponius libro nono ex variis lectionibus Iure naturae aequum est neminem cum alterius detrimento et iniuria fieri locupletiorem.

474. l. 1, 3 Dig. de cond. sine causa 12, 7.

Ulpianus libro quadragensimo tertio ad Sabinum Constat id demum posse condici alicui, quod vel non ex iusta causa ad eum pervenit vel redit ad non iustam causam.

475. l. 25 Dig. de act. rer. amot. 25, 2.

Marcianus libro tertio regularum Rerum quidem amotarum iudicium sic habet locum, si divortii consilio res amotae fuerint et secutum divortium fuerit. sed si in matrimonio uxor marito res subtraxerit, licet cessat rerum amotarum actio, tamen ipsas res maritus condicere potest: nam iure gentium condici puto posse res ab his, qui non ex iusta causa possident.

476. Gai Institutiones III 91.

Is quoque qui non debitum accepit ab eo qui per errorem solvit, re obligatur: nam proinde ei condici potest 'Si paret eum dare oportere', ac si mutuum accepisset. unde quidam putant pupillum aut mulierem cui sine tutoris auctoritate non debitum per errorem datum est, non teneri condictione, non magis quam mutui datione; sed haec species obligationis non videtur ex contractu consistere, quia is qui solvendi animo dat, magis distrahere vult negotium quam contrahere.

477. l. 12 Dig. de cond. ind. 12, 6.

Paulus libro septimo ad Sabinum Si fundi mei usum fructum tibi dedero falso existimans me eum tibi debere et antequam repetam decesserim, condictio eius ad heredem quoque meum transibit.

478. l. 1 pr. Dig. de cond. sine causa 12, 7.

Ulpianus libro quadragensimo tertio ad Sabinum Est et haec species condictionis, si quis sine causa promiserit vel si solverit quis indebitum. qui autem promisit sine causa, condicere quantitatem non potest quam non dedit, sed ipsam obligationem.

479. l. 4 Dig. de cond. caus. dat. c. non sec. 12, 4.

Ulpianus libro trigensimo nono ad edictum Si quis accepto tulerit debitori suo, cum conveniret, ut expromissorem daret, nec ille det, potest dici condici posse ei, qui accepto sit liberatus.

480. l. 26, 3 Dig. de cond. ind. 12, 6.

Ulpianus libro vicensimo sexto ad edictum Indebitum autem solutum accipimus non solum si omnino non debeatur, sed et si per aliquam exceptionem perpetuam peti non poterat: quare hoc quoque repeti poterit, nisi sciens se tutum exceptione solvit.

481. l. 65, 9 Dig. de cond. ind. 12, 6.

Paulus libro septimo decimo ad Plautium Indebitum est non tantum, quod omnino non debetur, sed et quod alii debetur, si alii solvatur, aut si id quod alius debebat alius quasi ipse debeat solvat.

482. l. 1, 1 Dig. de cond. ind. 12, 6.

Ulpianus libro vicensimo sexto ad edictum Nunc videndum de indebito soluto. Et quidem si quis indebitum ignorans solvit, per hanc actionem condicere potest: sed si sciens se non debere solvit, cessat repetitio.

483. l. 28 Dig. de cond. ind. 12, 6.

Paulus libro trigensimo secundo ad edictum Iudex si male absolvit et absolutus sua sponte solverit, repetere non potest.

484. l. 53 Dig. de reg. iur. 50, 17.

Paulus libro quadragensimo secundo ad edictum Cuius per errorem dati repetitio est, eius consulto dati donatio est.

485. c. 4 Cod. de cond. ind. 4, 5.

Impp. Diocletianus et Maximianus AA. et CC. Heraclio (a. 293) Ea, quae per infitiationem in lite crescunt, ab ignorante etiam indebita soluta repeti non posse certissimi iuris est. sed et si cautio indebitae pecuniae ex eadem causa interponatur, condictioni locum non esse constat.

486. l. 25, 1 Dig. de probat. 22, 3.

Paulus libro tertio quaestionum Sin autem is qui indebitum queritur vel pupillus vel minor sit vel mulier vel forte vir quidem perfectae aetatis, sed miles vel agri cultor et forensium rerum expers vel alias simplicitate gaudens et desidia deditus: tunc eum qui accepit pecunias ostendere bene eas accepisse et debitas ei fuisse solutas et, si non ostenderit, eas redhibere.

487. l. 1, 1 Dig. de cond. ob turp. 12, 5.

Paulus libro decimo ad Sabinum Ob rem igitur honestam datum ita repeti potest, si res, propter quam datum est, secuta non est.

488. l. 7, 1 Dig. de cond. caus. dat. c. non sec. 12, 4.

Iulianus libro sexto decimo digestorum Fundus dotis nomine traditus, si nuptiae insecutae non fuerint, condictione repeti potest: fructus quoque condici poterunt. idem iuris est de ancilla et partu eius.

489. l. 14 Dig. de cond. caus. dat. c. non sec. 12, 4.

Paulus libro tertio ad Sabinum Si procuratori falso indebitum solutum sit, ita demum a procuratore repeti non potest, si dominus ratum habuerit, sed ipse dominus tenetur, ut Iulianus scribit. quod si dominus ratum non habuisset, etiamsi debita pecunia soluta fuisset, ab ipso procuratore repetetur: non enim quasi indebitum datum repetetur, sed quasi ob rem datum nec res secuta sit ratihabitione non intercedente: vel quod furtum faceret pecuniae falsus procurator, cum eo non tantum furti agi, sed etiam condici ei posse.

490. c. 7 Cod. de non num. pec. 4, 30.

Imp. Alexander A. Iuliano et Ammoniano (a. 223) Si quasi accepturi mutuam pecuniam adversario cavistis, quae numerata non est, per condictionem obligationem repetere, etsi actor non petat, vel exceptione non numeratae pecuniae adversus agentem uti potestis.

491. l. 12 Dig. de cond. caus. dat. c. non sec. 12, 4.

Paulus libro sexto ad legem Iuliam et Papiam Cum quis mortis causa donationem, cum convaluisset donator, condicit, fructus quoque donatarum rerum et partus et quod adcrevit rei donatae repetere potest.

492. l. 1, 2 Dig. de cond. ob turp. 12, 5.

Paulus libro decimo ad Sabinum Quod si turpis causa accipientis fuerit, etiamsi res secuta sit, repeti potest:

493. l. 2 pr. § 1 Dig. de cond. ob turp. 12, 5.

Ulpianus libro vicensimo sexto ad edictum ut puta dedi tibi ne sacrilegium facias, ne furtum, ne hominem occidas. in qua specie Iulianus scribit, si tibi dedero, ne hominem
1 occidas, condici posse: Item si tibi dedero, ut rem mihi reddas depositam apud te vel ut instrumentum mihi redderes.

494. l. 3 Dig. de cond. ob turp. 12, 5.

Paulus libro decimo ad Sabinum Ubi autem et dantis et accipientis turpitudo versatur, non posse repeti dicimus: veluti si pecunia detur, ut male iudicetur.

495. l. 4 pr. Dig. de cond. ob turp. 12, 5.

Ulpianus libro vicensimo sexto ad edictum Idem si ob stuprum datum sit, vel si quis in adulterio deprehensus redemerit se: cessat enim repetitio, idque Sabinus et Pegasus responderunt.

496. l. 4, 3 Dig. de cond. ob turp. 12, 5.

Ulpianus libro vicensimo sexto ad edictum Sed quod meretrici datur, repeti non potest, ut Labeo et Marcellus scribunt, sed nova ratione, non ea, quod utriusque turpitudo versatur, sed solius dantis: illam enim turpiter facere, quod sit meretrix, non turpiter accipere, cum sit meretrix.

497. l. 38 Dig. de reg. iur. 50, 17.

Pomponius libro vicensimo nono ad Sabinum Sicuti poena ex delicto defuncti heres teneri non debeat, ita nec lucrum facere, si quid ex ea re ad eum pervenisset.

498. cap. 5 X de raptoribus 5, 17.

Heredes eius moneas et compellas, ut his, quibus ille per incendium vel alio modo damna contra iustitiam irrogaverat, iuxta facultates suas condigne satisfaciant, ut sic a peccato valeat liberari.

499. l. 1, 3 Dig. de furtis 47, 2.

Paulus libro trigensimo nono ad edictum Furtum est contrectatio rei fraudulosa lucri faciendi gratia vel ipsius rei vel etiam usus eius possessionisve. quod lege naturali prohibitum est admittere.

500. § 6 Inst. de obl. q. ex del. nasc. 4, 1 = Gai. III 195.

Furtum autem fit non solum, cum quis intercipiendi causa rem alienam amovet, sed generaliter cum quis alienam rem invito domino contractat. itaque sive creditor pignore sive is apud quem res deposita est ea re utatur sive is qui rem utendam accepit in alium usum eam transferat, quam cuius gratia ei data est, furtum committit. veluti si quis argentum utendum acceperit quasi amicos ad cenam invitaturus et id peregre secum tulerit, aut si quis equum gestandi causa commodatum sibi longius aliquo duxerit, quod veteres scripserunt de eo, qui in aciem equum perduxisset.

501. l. 83 pr. Dig. de furtis 47, 2.

Paulus libro secundo sententiarum Fullo et sarcinator, qui polienda vel sarcienda vestimenta accepit, si forte his utatur, ex contrectatione eorum furtum fecisse videtur, quia non in eam causam ab eo videntur accepta.

502. l. 55, 1 Dig. de furtis 47, 2.

Gaius libro tertio decimo ad edictum provinciale Eum, qui quod utendum accepit ipse alii commodaverit, furti obligari responsum est. ex quo satis apparet furtum fieri et si quis usum alienae rei in suum lucrum convertat. nec movere quem debet, quasi nihil lucri sui gratia faciat: species enim lucri est ex alieno largiri et beneficii debitorem sibi adquirere. unde et is furti tenetur, qui ideo rem amovet, ut eam alii donet.

503. l. 14 Dig. commod. 13, 6.

Ulpianus libro quadragensimo octavo ad Sabinum Si servus meus rem meam tibi scienti nolle me tibi commodari commodaverit, et commodati et furti nascitur actio et praeterea condictio ex causa furtiva.

504. § 10 Inst. de obl. q. ex del. nasc. 4, 1 = Gai. III, 200.

Aliquando autem etiam suae rei quisque furtum committit, veluti si debitor rem quam creditori pignoris causa dedit subtraxerit.

505. l. 15, l. 2. Dig. de furtis 47, 2.

Paulus libro quinto ad Sabinum Dominus, qui rem subripuit, in qua usus fructus alienus est, furti usufructuario tenetur. Sed eum qui tibi commodaverit, si eam rem subripiat, non teneri furti placuisse Pomponius scripsit, quoniam nihil tua interesset, utpote cum nec commodati tenearis.. ergo si ob aliquas impensas, quas in rem commodatam fecisti, retentionem eius habueris, etiam cum ipso domino, si eam subripiat, habebis furti actionem, quia eo casu quasi pignoris loco ea res fuit.

506. § 7 Inst. de obl. q. ex del. nasc. 4, 1 = Gai. 3, 197.

Placuit tamen eos, qui rebus commodatis aliter uterentur, quam utendas acceperint, ita furtum committere, si se intellegant id invito domino facere eumque si intellexisset non permissurum, ac si permissurum credant, extra crimen videri: optima sane distinctione, quia furtum sine affectu furandi (sine dolo malo *Gaius*) non committitur.

507. Gai Institutiones III 203.

Furti autem actio ei conpetit cuius interest rem salvam esse, licet dominus non sit: itaque nec domino aliter conpetit quam si eius intersit rem non perire.

507a. l. 14, 16 Dig. de furtis 47, 2.

Ulpianus libro vicensimo nono ad Sabinum Qualis ergo furti actio detur ei, cui res commodata est, quaesitum est. et puto omnibus, quorum periculo res alienae sunt, veluti commodati, item locati pignorisve accepti, si hae subreptae sint, omnibus furti actiones competere: condictio autem ei demum competit, qui dominium habet.

508. l. 12, 1 Dig. de furtis 47, 2.

Ulpianus libro vicensimo nono ad Sabinum Sed furti actio malae fidei possessori non datur, quamvis interest eius rem non subripi, quippe cum res periculo eius sit: sed nemo de inprobitate sua consequitur actionem et ideo soli bonae fidei possessori, non etiam malae fidei furti actio datur.

509. l. 50, 3 Dig. de furtis 47, 2.

Ulpianus libro trigensimo septimo ad edictum Consilium autem dare videtur, qui persuadet et impellit atque instruit consilio ad furtum faciendum: opem fert, qui ministerium atque adiutorium ad subripiendas res praebet.

510. § 11. 12 Inst. de obl. q. ex del. nasc. 4, 1.

Interdum furti tenetur, qui ipse furtum non fecerit: qualis est, cuius ope et consilio furtum factum est. in quo numero est, qui tibi nummos excussit, ut alius eos raperet, aut obstitit tibi, ut alius rem tuam exciperet, vel oves aut boves tuas fugaverit, ut alius eas exciperet: et hoc veteres scripserunt de eo, qui panno rubro fugavit armentum. sed si quid eorum per lasciviam et non data opera, ut furtum admitteretur, factum est, in factum actio dari debeat. at ubi ope Maevii Titius furtum fecerit, ambo furti tenentur. ope consilio eius quoque furtum admitti videtur, qui scalas forte fenestris supponit aut ipsas fenestras vel ostium effringit, ut alius furtum faceret, quive ferramenta ad effringendum aut scalas ut fenestris supponerentur commodaverit, sciens cuius gratia commodaverit. certe qui nullam operam ad furtum faciendum adhibuit, sed tantum consilium dedit atque hortatus est ad furtum faciendum, non tenetur furti.

511. l. 1 Dig. de cond. furt. 13, 1.

Ulpianus libro octavo decimo ad Sabinum In furtiva re soli domino condictio competit.

512. l. 7, 1. 2 Dig. de cond. furt. 13, 1.

Ulpianus libro quadragensimo secundo ad Sabinum Furti actio poenam petit legitimam, condictio rem ipsam. ea res facit, ut neque furti actio per condictionem neque condictio per furti actionem consumatur. is itaque, cui furtum factum est, habet actionem furti et condictionem et vindicationem,
2 habet et ad exhibendum actionem. Condictio rei furtivae, quia rei habet persecutionem, heredem quoque furis obligat, nec tantum si vivat servus furtivus, sed etiam si decesserit:

sed et si apud furis heredem diem suum obiit servus furtivus vel non apud ipsum, post mortem tamen furis, dicendum est condictionem adversus heredem durare. quae in herede diximus, eadem erunt et in ceteris successoribus.

513. l. 6 Dig. de cond. furt. 13, 1.

Ulpianus libro trigensimo octavo ad edictum Proinde etsi ope consilio alicuius furtum factum sit, condictione non tenebitur, etsi furti tenetur.

514. l. 2 pr. § 1 Dig. ad leg. Aquil. 9, 2.

Gaius libro septimo ad edictum provinciale Lege Aquilia capite primo cavetur: 'ut qui servum servamve alienum 'alienamve quadrupedem vel pecudem iniuria occiderit, quanti 'id in eo anno plurimi fuit, tantum aes dare domino damnas 'esto': et infra deinde cavetur, ut adversus infitiantem in duplum actio esset.

515. l. 27, 5 Dig. ad leg. Aquil. 9, 2.

Ulpianus libro octavo decimo ad edictum Tertio autem capite ait eadem lex Aquilia: 'Ceterarum rerum praeter 'hominem et pecudem occisos si quis alteri damnum faxit, 'quod usserit fregerit ruperit iniuria, quanti ea res erit in 'diebus triginta proximis, tantum aes domino dare damnas esto'.

516. l. 23, 8 Dig. ad leg. Aquil. 9, 2.

Ulpianus libro octavo decimo ad edictum Hanc actionem et heredi ceterisque successoribus dari constat: sed in heredem vel ceteros haec actio non dabitur, cum sit poenalis, nisi forte ex damno locupletior heres factus sit.

517. l. 29, 8 Dig. ad leg. Aquil. 9, 2.

Ulpianus libro octavo decimo ad edictum Haec verba: 'quanti in triginta diebus proximis fuit', etsi non habent 'plurimi', sic tamen esse accipienda constat.

518. l. 5, 1 Dig. ad leg. Aquil. 9, 2.

Ulpianus libro octavo decimo ad edictum Iniuriam autem hic accipere nos oportet non quemadmodum circa iniuriarum actionem contumeliam quandam, sed quod non iure factum est, hoc est contra ius, id est si culpa quis occiderit: et ideo interdum utraque actio concurrit et legis Aquiliae et iniuriarum, sed duae erunt aestimationes, alia damni, alia contumeliae. igitur iniuriam hic damnum accipiemus culpa datum etiam ab eo, qui nocere noluit.

519. l. 21, 2 Dig. ad leg. Aquil. 9, 2.

Ulpianus libro octavo decimo ad edictum Sed utrum corpus eius solum aestimamus, quanti fuerit cum occideretur, an potius quanti interfuit nostra non esse occisum? et hoc iure utimur, ut eius quod interest fiat aestimatio.

520. l. 8, 1 Dig. ad leg. Aquil. 9, 2.

Gaius libro septimo ad edictum provinciale Mulionem quoque, si per imperitiam impetum mularum retinere non potuerit, si eae alienum hominem obtriverint, vulgo dicitur culpae nomine teneri. idem dicitur et si propter infirmitatem sustinere mularum impetum non potuerit: nec videtur iniquum, si infirmitas culpae adnumeretur, cum affectare quisque non debeat, in quo vel intellegit vel intellegere debet infirmitatem suam alii periculosam futuram. idem iuris est in persona eius, qui impetum equi, quo vehebatur, propter imperitiam vel infirmitatem retinere non poterit.

521. l. 1, 3 Dig. si quadrup. pauper. fec. 9, 1.

Ulpianus libro octavo decimo ad edictum Ait praetor 'pauperiem fecisse'. pauperies est damnum sine iniuria facientis datum: nec enim potest animal iniuria fecisse, quod sensu caret.

522. l. 2 pr. Dig. vi bon. rapt. 47, 8.

Ulpianus libro quinquagensimo sexto ad edictum Praetor ait: 'Si cui dolo malo hominibus coactis damni quid factum 'esse dicetur sive cuius bona rapta esse dicentur, in eum, 'qui id fecisse dicetur, iudicium dabo. item si servus fecisse 'dicetur, in dominum iudicium noxale dabo'.

523. l. 2, 7 Dig. vi bon. rapt. 47, 8.

Ulpianus libro quinquagensimo sexto ad edictum Item si proponas solum damnum dedisse, non puto deficere verba: hoc enim quod ait 'hominibus coactis', sic accipere debemus: 'etiam hominibus coactis', ut sive solus vim fecerit sive etiam hominibus coactis vel armatis vel inermibus, hoc edicto teneatur.

524. l. 2, 24 Dig. vi bon. rapt. 47, 8.

Ulpianus libro quinquagensimo sexto ad edictum Utilius dicendum est et si cesset actio furti ob rem depositam, esse tamen vi bonorum raptorum actionem, quia non minima differentia est inter eum qui clam facit et eum qui rapit, cum ille celet suum delictum, hic publicet et crimen etiam publicum admittat. si quis igitur interesse sua vel modice docebit, debet habere vi bonorum raptorum actionem.

525. l. 3, l. 2 Dig. de iniur. et fam. libell. 47, 10.

Ulpianus libro quinquagensimo sexto ad edictum Sane sunt quidam, qui facere non possunt, ut puta furiosus et inpubes, qui doli capax non est: namque hi pati iniuriam solent, non facere. cum enim iniuria ex affectu facientis consistat, consequens erit dicere hos, sive pulsent sive convicium dicant, iniuriam fecisse non videri. Itaque pati quis iniuriam, etiamsi non sentiat, potest, facere nemo, nisi qui scit se iniuriam facere, etiamsi nesciat cui faciat.

526. Gai Institutiones III 220.

Iniuria autem committitur non solum cum quis pugno puta aut fuste percussus vel etiam verberatus erit, sed etiam si cui convicium factum fuerit, sive quis bona alicuius quasi debitoris sciens eum nihil sibi debere proscripserit, sive quis ad infamiam alicuius libellum aut carmen scripserit, sive quis matrem familias aut praetextatum adsectatus fuerit, et denique aliis pluribus modis.

527. l. 13, 7 Dig. de iniur. et fam. libell. 47, 10.

Ulpianus libro quinquagensimo septimo ad edictum Si quis me prohibeat in mari piscari vel everriculum (quod Graece σαγήνη dicitur) ducere, an iniuriarum iudicio possim eum convenire? sunt qui putent iniuriarum me posse agere: et ita Pomponius et plerique esse huic similem eum, qui in publicum lavare vel in cavea publica sedere vel in quo alio loco agere sedere conversari non patiatur, aut si quis re mea uti me non permittat: nam et hic iniuriarum conveniri potest. conductori autem veteres interdictum dederunt, si forte publice hoc conduxit: nam vis ei prohibenda est, quo minus conductione sua fruatur. si quem tamen ante aedes meas vel ante praetorium meum piscari prohibeam, quid dicendum est? me iniuriarum iudicio teneri an non? et quidem mare commune omnium est et litora, sicuti aer, et est saepissime rescriptum non posse quem piscari prohiberi: sed nec aucupari, nisi quod ingredi quis agrum alienum prohiberi potest. usurpatum tamen et hoc est, tametsi nullo iure, ut quis prohiberi possit ante aedes meas vel praetorium meum piscari: quare si quis prohibeatur, adhuc iniuriarum agi potest. in lacu tamen, qui mei dominii est, utique piscari aliquem prohibere possum.

528. Gai Institutiones III 221. 222.

Pati autem iniuriam videmur non solum per nosmet ipsos, sed etiam per liberos nostros quos in potestate habemus, item per uxores nostras, quamvis in manu nostra ⟨non⟩ sint; itaque si filiae meae quae Titio nupta est, iniuriam feceris, non solum filiae nomine tecum agi iniuriarum potest, verum etiam meo quoque et Titii nomine. Servo autem ipsi quidem nulla iniuria intellegitur fieri, sed domino per eum fieri videtur: non tamen isdem modis quibus etiam per liberos nostros vel uxores iniuriam pati videmur, sed ita cum quid atrocius commissum fuerit, quod aperte in contumeliam domini fieri videtur, veluti si quis alienum servum verberaverit; et in hunc casum formula proponitur; at si quis servo convicium fecerit vel pugno eum percusserit, non proponitur ulla formula nec temere petenti datur.

529. l. 6 Dig. de extraord. cognit. 50, 13.

Gaius libro tertio rerum cottidianarum sive aureorum Si iudex litem suam fecerit, non proprie ex maleficio obligatus videtur: sed quia neque ex contractu obligatus est et utique peccasse aliquid intellegitur, licet per inprudentiam, ideo videtur quasi ex maleficio teneri in factum actione, et in quantum de ea re aequum religioni iudicantis visum fuerit, poenam sustinebit.

530. l. 1 pr. Dig. de his, qui effud. vel. deiec. 9, 3.

Ulpianus libro vicensimo tertio ad edictum Praetor ait de his, qui deiecerint vel effuderint: 'Unde in eum locum, quo 'vulgo iter fiet vel in quo consistetur, deiectum vel effusum 'quid erit, quantum ex ea re damnum datum factumve erit, 'in eum, qui ibi habitaverit, in duplum iudicium dabo. si 'eo ictu homo liber perisse dicetur, quinquaginta aureorum 'iudicium dabo. si vivet nocitumque ei esse dicetur, quantum 'ob eam rem aequum iudici videbitur eum cum quo agetur 'condemnari, tanti iudicium dabo. si servus insciente domino 'fecisse dicetur, in iudicio adiciam: aut noxae dedere.'

531. l. 7 Dig. de his, qui effud. vel. deiec. 9, 3.

Gaius libro sexto ad edictum provinciale Cum liberi hominis corpus ex eo, quod deiectum effusumve quid erit, laesum fuerit, iudex computat mercedes medicis praestitas ceteraque impendia, quae in curatione facta sunt, praeterea operarum, quibus caruit aut cariturus est ob id, quod inutilis factus est. cicatricium autem aut deformitatis nulla fit aestimatio, quia liberum corpus nullam recipit aestimationem.

532. l. 5, 5 Dig. de his, qui effud. vel deiec. 9, 3.

Ulpianus libro vicensimo tertio ad edictum Haec autem actio, quae competit de effusis et deiectis, perpetua est et heredi competit, in heredem vero non datur. quae autem de eo competit, quod liber perisse dicetur, intra annum dumtaxat competit, neque in heredem datur neque heredi similibusque personis: nam est poenalis et popularis: dummodo sciamus ex pluribus desiderantibus hanc actionem ei potissimum dari debere cuius interest vel qui adfinitate cognationeve defunctum contingat. sed si libero nocitum sit, ipsi perpetua erit actio: sed si alius velit experiri, annua erit haec actio, nec enim heredibus iure hereditario competit, quippe quod in corpore libero damni datur, iure hereditario transire ad successores non debet, quasi non sit damnum pecuniarium, nam ex bono et aequo oritur.

533. l. 5, 10 Dig. de his, qui effud. vel deiec. 9, 3.

Ulpianus libro vicensimo tertio ad edictum Positum habere etiam is recte videtur, qui ipse quidem non posuit, verum ab alio positum patitur: quare si servus posuerit, dominus autem positum patiatur, non noxali iudicio dominus, sed suo nomine tenebitur.

534. Gai Institutiones II 38. 39.

Obligationes quoquo modo contractae nihil eorum recipiunt: nam quod mihi ab aliquo debetur, id si velim tibi deberi, nullo eorum modo, quibus res corporales ad alium transferuntur, id efficere possum; sed opus est, ut iubente me tu ab eo stipuleris: quae res efficit, ut a me liberetur et incipiat tibi teneri. quae dicitur novatio obligationis. sine hac vero novatione non poteris tuo nomine agere, sed debes ex persona mea quasi cognitor aut procurator meus experiri.

535. c. 4 Cod. quae res pignori 8, 16.

Imp. Alexander A. .... evocato (a. 225) Nomen quoque debitoris pignerari et generaliter et specialiter posse pridem placuit. quare si debitor is satis non facit, cui tu credidisti, ille, cuius nomen tibi pignori datum est, nisi ei cui debuit solvit nondum certior a te de obligatione tua factus, utilibus actionibus satis tibi facere usque ad id, quod tibi deberi a creditore eius probaveris, compelletur, quatenus tamen ipse debet.

536. c. 3 pr. Cod. de novat. 8, 41.

Imp. Gordianus A. Muciano (a. 239) Si delegatio non est interposita debitoris tui ac propterea actiones apud te remanserunt, quamvis creditori tuo adversus eum solutionis causa mandaveris actiones, tamen antequam lis contestetur vel aliquid ex debito accipiat vel debitori tuo denuntiaverit, exigere a debitore tuo debitam quantitatem non vetaris et eo modo tui creditoris exactionem contra eum inhibere.

537. l. 16 pr. Dig. de pactis 2, 14.

Ulpianus libro quarto ad edictum Si cum emptore hereditatis pactum sit factum et venditor hereditatis petat, doli exceptio nocet. nam ex quo rescriptum est a divo Pio utiles actiones emptori hereditatis dandas, merito adversus venditorem hereditatis exceptione doli debitor hereditarius uti potest.

538. l. 4 Dig. de hered. vendit. 18, 4.

Ulpianus libro trigensimo secundo ad edictum Si nomen sit distractum, Celsus libro nono digestorum scribit locupletem esse debitorem non debere praestare, debitorem autem esse praestare, nisi aliud convenit.

539. c. 2 Cod. ne liceat potentior. 2, 13.

Impp. Honorius et Theodosius AA. Iohanni pp. (a. 422) Si cuiuscumque modi cautiones ad potentium fuerint delatae personas, debiti creditores iactura multentur. aperta enim credentium videtur esse voracitas, qui alios actionum suarum redimunt exactores.

540. c. 22 pr. § 1 Cod. mandati 4, 35.

Imp. Anastasius A. Eustathio pp. (a. 506) Per diversas interpellationes ad nos factas comperimus quosdam alienis rebus fortunisque inhiantes cessiones aliis competentium actionum in semet exponi properare hocque modo diversas personas litigiorum vexationibus adficere, cum certum sit pro indubitatis obligationibus eos magis, quibus antea suppetebant, sua vindicare quam ad alios ea transferre velle. Per hanc itaque legem iubemus in posterum huiusmodi conamen inhiberi (nec enim dubium est redemptores litium alienarum videri eos esse, qui tales cessiones in se confici cupiunt), ita tamen, ut, si quis datis pecuniis huiusmodi subierit concessionem, usque ad ipsam tantummodo solutarum pecuniarum quantitatem et usurarum eius actiones exercere permittatur, licet instrumento cessionis venditionis nomen insertum sit.

541. l. 11 pr. Dig. de novat. et delegat. 46, 2.

Ulpianus libro vicensimo septimo ad edictum Delegare est vice sua alium reum dare creditori vel cui iusserit.

542. l. 5, 1 Dig. de exerc. act. 14, 1.

Paulus libro vicensimo nono ad edictum Item si servus meus navem exercebit et cum magistro eius contraxero, nihil obstabit, quo minus adversus magistrum experiar actione, quae mihi vel iure civili vel honorario competit: nam et cuivis alii non obstat hoc edictum, quo minus cum magistro agere possit: hoc enim edicto non transfertur actio, sed adicitur.

543. l. 3, 2 Dig. de in rem verso 15, 3.

Ulpianus libro vicensimo nono ad edictum Et regulariter dicimus totiens de in rem verso esse actionem, quibus casibus procurator mandati vel qui negotia gessit negotiorum gestorum haberet actionem quotiensque aliquid consumpsit servus, ut aut meliorem rem dominus habuerit aut non deteriorem.

544. l. 11, 2 Dig. de institor. act. 14, 3.

Ulpianus libro vicensimo octavo ad edictum De quo palam proscriptum fuerit, ne cum eo contrahatur, is praepositi loco non habetur: non enim permittendum erit cum institore contrahere, sed si quis nolit contrahi, prohibeat: ceterum qui praeposuit tenebitur ipsa praepositione.

545. l. 10, 5 Dig. mandati 17, 1.

Ulpianus libro trigensimo primo ad edictum Idem Papinianus libro eodem refert fideiussori condemnato, qui ideo fideiussit, quia dominus procuratori mandaverat ut pecuniam mutuam acciperet, utilem actionem dandam quasi institoriam, quia et hic quasi praeposuisse eum mutuae pecuniae accipiendae videatur.

546. l. 1 pr. Dig. de noxal. act. 9, 4.

Gaius libro secundo ad edictum provinciale Noxales actiones appellantur, quae non ex contractu, sed ex noxa atque maleficio servorum adversus nos instituuntur: quarum actionum vis et potestas haec est, ut, si damnati fuerimus, liceat nobis deditione ipsius corporis quod deliquerit evitare litis aestimationem.

547. Gai Institutiones IV 77, 78.

Omnes autem noxales actiones caput sequuntur: nam si filius tuus servusve noxam commiserit, quamdiu in tua potestate est, tecum est actio; si in alterius potestatem pervenerit, cum illo incipit actio esse; si sui iuris coeperit esse, directa actio cum ipso est, et noxae deditio extinguitur. ex diverso quoque directa actio noxalis esse incipit: nam si paterfamilias noxam commiserit, et is se in adrogationem tibi dederit aut servus tuus esse coeperit, quod quibusdam casibus accidere primo commentario tradidimus, incipit tecum noxalis actio esse, quae ante directa fuit. Sed si filius patri aut servus domino noxam commiserit, nulla actio nascitur: nulla enim omnino inter me et eum, qui in potestate mea est, obligatio nasci potest; ideoque et si in alienam potestatem pervenerit aut sui iuris esse coeperit, neque cum ipso neque cum eo, cuius nunc in potestate est, agi potest. unde quaeritur, si alienus servus filiusve noxam commiserit mihi, et is postea in mea esse coeperit potestate, utrum intercidat actio an quiescat: nostri praeceptores intercidere putant, quia in eum casum deducta sit, in quo ab initio consistere non potuerit, ideoque, licet exierit de mea potestate, agere me non posse; diversae scholae auctores, quamdiu in mea potestate sit, quiescere actionem putant, quia ipse mecum agere non possum, cum vero exierit de mea potestate, tunc eam resuscitari.

548. l. 2 pr. Dig. de noxal. act. 9, 4.

Ulpianus libro octavo decimo ad edictum Si servus sciente domino occidit, in solidum dominum obligat, ipse enim videtur dominus occidisse: si autem insciente, noxalis est, nec enim debuit ex maleficio servi in plus teneri, quam ut noxae eum dedat.

549. § 6 Inst. de mandato 3, 26.

Tua gratia intervenit mandatum, veluti si tibi mandet, ut pecunias tuas potius in emptiones praediorum colloces, quam feneres, vel ex diverso ut feneres potius, quam in emptiones praediorum colloces. cuius generis mandatum magis consilium est quam mandatum et ob id non est obligatorium, quia nemo ex consilio mandati obligatur, etiamsi non expediat ei cui dabitur, cum liberum cuique sit apud se explorare, an expediat consilium. itaque si otiosam pecuniam domi te habentem hortatus fuerit aliquis, ut rem aliquam emeres vel eam credas, quamvis non expediet tibi eam emisse vel credidisse, non tamen tibi mandati tenetur. et adeo haec ita sunt, ut quaesitum sit, an mandati teneatur qui mandavit tibi, ut Titio pecuniam fenerares: sed optinuit Sabini sententia obligatorium esse in hoc casu mandatum, quia non aliter Titio credidisses, quam si tibi mandatum esset.

550. l. 6, 4 Dig. mandati 17, 1.

Ulpianus libro trigensimo primo ad edictum Si tibi mandavero quod mea non intererat, veluti ut pro Seio intervenias vel ut Titio credas, erit mihi tecum mandati actio, ut Celsus libro septimo digestorum scribit, et ego tibi sum obligatus.

551. l. 8, 7 Dig. de fideiussor. et mandator. 46, 1.

Ulpianus libro quadragensimo septimo ad Sabinum Illud commune est in universis, qui pro aliis obligantur, quod, si fuerint in duriorem causam adhibiti, placuit eos omnino non obligari: in leviorem plane causam accipi possunt, propter quod in minorem summam recte fideiussor accipietur. item accepto reo pure ipse ex die vel sub condicione accipi potest: enimvero si reus sub condicione sit acceptus, fideiussor pure, non obligabitur.

552. l. 19 Dig. de except. 44, 1.

Marcianus libro tertio decimo institutionum Omnes exceptiones, quae reo competunt, fideiussori quoque etiam invito reo competunt.

553. l. 36 Dig. de fideiussor. et mandator. 46, 1.

Paulus libro quarto decimo ad Plautium Cum is qui et reum et fideiussores habens ab uno ex fideiussoribus accepta pecunia praestat actiones, poterit quidem dici nullas iam esse, cum suum perceperit et perceptione omnes liberati sunt. sed non ita est: non enim in solutum accipit, sed quodammodo nomen debitoris vendidit, et ideo habet actiones, quia tenetur ad id ipsum, ut praestet actiones.

554. § 4 Inst. de fideiussor. 3, 20 = Gai. III 121 sq.

Si plures sint fideiussores, quotquot erunt numero, singuli in solidum tenentur. itaque liberum est creditori a quo velit solidum petere. sed ex epistula divi Hadriani compellitur creditor a singulis, qui modo solvendo sint litis contestatae tempore, partes petere. ideoque si quis ex fideiussoribus eo tempore solvendo non sit, hoc ceteros onerat. sed et si ab uno fideiussore creditor totum consecutus fuerit, huius solius detrimentum erit, si is pro quo fideiussit solvendo non sit: et sibi imputare debet, cum potuerit adiuvari ex epistula divi Hadriani et desiderare, ut pro parte in se detur actio.

555. l. 10 pr. § 1 Dig. de fideiussor. et mandator. 46, 1.

Ulpianus libro septimo disputationum Si dubitet creditor, an fideiussores solvendo sint, et unus ab eo electus paratus sit offerre cautionem, ut suo periculo confideiussores conveniantur, in parte dico audiendum eum esse, ita tamen, et si satisdationes offerat et omnes confideiussores, qui idonei esse dicuntur, praesto sint: nec enim semper facilis est nominis

emptio, cum numeratio totius debiti non sit in expedito.
1 Ita demum inter fideiussores dividitur actio, si non infitientur: nam infitiantibus auxilium divisionis non est indulgendum.

556. l. 95, 3 Dig. de solut. 46, 3.

Papinianus libro vicensimo octavo quaestionum Quod volgo iactatur fideiussorem, qui debitori heres extitit, ex causa fideiussionis liberari, totiens verum est, quotiens rei plenior promittendi obligatio invenitur. nam si reus dumtaxat fuit obligatus, fideiussor liberabitur. e contrario non potest dici non tolli fideiussoris obligationem, si debitor propriam et personalem habuit defensionem: nam si minori viginti quinque annis bonae fidei pecuniam credidit isque nummos acceptos perdidit et intra tempora in integrum restitutionis decessit herede fideiussore, difficile est dicere causam iuris honorarii, quae potuit auxilio minori esse, retinere fideiussoris obligationem, quae principalis fuit et cui fideiussoris accessit sine contemplatione iuris praetorii. auxilium igitur restitutionis fideiussori, qui adulescenti heres extitit, intra constitutum tempus salvum erit.

557. l. 2, 1 Dig. ad S. C. Vell. 16, 1.

Ulpianus libro vicensimo nono ad edictum Postea factum est senatus consultum, quo plenissime feminis omnibus subventum est. cuius senatus consulti verba haec sunt: 'Quod 'Marcus Silanus et Velleus Tutor consules verba fecerunt de 'obligationibus feminarum, quae pro aliis reae fierent, quid 'de ea re fieri oportet, de ea re ita censuere: quod ad fide-'iussiones et mutui dationes pro aliis, quibus intercesserint 'feminae, pertinet, tametsi ante videtur ita ius dictum esse, 'ne eo nomine ab his petitio neve in eas actio detur, cum 'eas virilibus officiis fungi et eius generis obligationibus ob-'stringi non sit aequum, arbitrari senatum recte atque ordine 'facturos ad quos de ea re in iure aditum erit, si dederint 'operam, ut in ea re senatus voluntas servetur.'

558. l. 12 Dig. ad S. C. Vell. 16, 1.

Paulus libro sexto brevium Immo tunc locus est senatus consulto, cum scit creditor eam intercedere.

559. l. 2, 3 Dig. ad S. C. Vell. 16, 1.

Ulpianus libro vicensimo nono ad edictum Sed ita demum eis subvenit, si non callide sint versatae: hoc enim divus Pius et Severus rescripserunt. nam deceptis, non decipientibus opitulatur et est et Graecum Severi tale rescriptum: Ταῖς ἀπατώσαις γυναιξὶν τὸ δόγμα τῆς συγκλήτου βουλῆς οὐ βοηθεῖ. infirmitas enim feminarum, non calliditas auxilium demeruit.

560. l. 9 pr. Dig. de duob. reis constit. 45, 2.

Papinianus libro vicensimo septimo quaestionum Eandem rem apud duos pariter deposui utriusque fidem in solidum secutus, vel eandem rem duobus similiter commodavi: fiunt duo rei promittendi, quia non tantum verbis stipulationis, sed et ceteris contractibus, veluti emptione venditione, locatione conductione, deposito, commodato *duo rei fieri possunt, item* testamento, ut puta si pluribus heredibus institutis testator dixit: 'Titius et Maevius Sempronio decem dato'.

561. pr. Inst. de duob. reis stipul. et promitt. 3, 16.

Et stipulandi et promittendi duo pluresve rei fieri possunt. stipulandi ita, si post omnium interrogationem promissor respondeat 'spondeo'. ut puta cum duobus separatim stipulantibus ita promissor respondeat 'utrique vestrum dare spondeo': nam si prius Titio spoponderit, deinde alio interrogante spondeat, alia atque alia erit obligatio nec creduntur duo rei stipulandi esse. duo pluresve rei promittendi ita fiunt: 'Maevi, quinque aureos dare spondes? Sei, eosdem 'quinque aureos dare spondes?' respondeant singuli separatim 'spondeo'.

562. l. 9, 2 Dig. de duob. reis constit. 45, 2.

Papinianus libro vicensimo septimo quaestionum Cum duos reos promittendi facerem ex diversis locis, Capuae pecuniam dari stipulatus sim, ex persona cuiusque ratio proprii temporis habebitur: nam etsi maxime parem causam suscipiunt, nihilo minus in cuiusque persona propria singulorum consistit obligatio.

563. c. 28, 2. 3 Cod. de fideiuss. 8, 40.

Imp. Iustinianus A. Iohanni pp. (a. 531) Idemque in duobus reis promittendi constituimus, ex unius rei electione praeiudicium creditori adversus alium fieri non concedentes, sed remanere et ipsi creditori actiones integras et personales et hypothecarias, donec per omnia ei satisfiat. Si enim pactis conventis hoc fieri conceditur et in usu quotidiano semper hoc versari adspicimus, quare non ipsa legis auctoritate hoc permittatur, ut nec simplicitas suscipientium contractus ex quacumque parte possit ius creditoris mutilare?

564. l. 18 Dig. de duob. reis constit. 45, 2.

Pomponius libro quinto ex Plautio Ex duobus reis eiusdem Stichi promittendi factis alterius factum alteri quoque nocet.

565. l. 32, 4 Dig. de usuris 22, 1.

Marcianus libro quarto regularum Sed si duo rei promittendi sint, alterius mora alteri non nocet.

566. l. 173, 2 Dig. de reg. iur. 50, 17.

Paulus libro sexto ad Plautium Unicuique sua mora nocet. quod et in duobus reis promittendi observatur.

567. l. 10 Dig. de duob. reis constit. 45, 2.

Papinianus libro trigensimo septimo quaestionum Si duo rei promittendi socii non sint, non proderit alteri, quod stipulator alteri reo pecuniam debet.

568. l. 42, 3 Dig. de iureiur. 12, 2.

Pomponius libro octavo decimo epistularum Item si reus iuravit, fideiussor tutus sit, quia et res iudicata secundum alterutrum eorum utrique proficeret.

569. c. 1 Cod. de duob. reis stipul. 8, 39.

Impp. Diocletianus et Maximianus AA. Diogeni (a. 287) Creditor prohiberi non potest exigere debitum, cum sint duo rei promittendi eiusdem pecuniae, a quo velit. Et ideo, si probaveris te conventum in solidum exsolvisse, rector provinciae iuvare te adversus eum, cum quo communiter mutuam pecuniam accepisti, non cunctabitur.

570. l. 112 Dig. de reg. iur. 50, 17.

Paulus libro octavo ad edictum Nihil interest, ipso iure quis actionem non habeat an per exceptionem infirmetur.

571. l. 35 Dig. de reg. iur. 50, 17.

Ulpianus libro quadragensimo octavo ad Sabinum Nihil tam naturale est quam eo genere quidque dissolvere, quo colligatum est. ideo verborum obligatio verbis tollitur: nudi consensus obligatio contrario consensu dissolvitur.

572. l. 41, 1 Dig. de usuris 22, 1.

Modestinus libro tertio responsorum Lucius Titius cum centum et usuras aliquanti temporis deberet, minorem pecuniam quam debebat obsignavit: quaero, an Titius pecuniae quam obsignavit usuras praestare non debeat. Modestinus respondit, si non hac lege mutua pecunia data est, uti liceret et particulatim quod acceptum est exsolvere, non retardari totius debiti usurarum praestationem, si, cum creditor paratus esset totum suscipere, debitor, qui in exsolutione totius cessabat, solam partem deposuit.

573. l. 20 Dig. de solut. et liberat. 46, 3.

Pomponius libro vicensimo secundo ad Sabinum Si rem meam, quae pignoris nomine alii esset obligata, debitam tibi solvero, non liberabor, quia avocari tibi res possit ab eo, qui pignori accepisset.

574. l. 17 Dig. de solut. et liberat. 46, 3.

Pomponius libro nono decimo ad Sabinum Cassius ait, si cui pecuniam dedi, ut eam creditori meo solveret, si suo nomine dederit, neutrum liberari, me, quia non meo nomine data sit, illum, quia alienam dederit: ceterum mandati eum teneri. sed si creditor eos nummos sine dolo malo consumpsisset, is, qui suo nomine eos solvisset, liberatur, ne, si aliter observaretur, creditor in lucro versaretur.

575. l. 12 pr. Dig. de solut. et liberat. 46, 3.

Ulpianus libro trigensimo ad Sabinum Vero procuratori recte solvitur. verum autem accipere debemus eum, cui mandatum est vel specialiter vel cui omnium negotiorum administratio mandata est.

576. l. 12, 4 Dig. de solut. et liberat. 46, 3.

Ulpianus libro trigensimo ad Sabinum Sed et si non vero procuratori solvam, ratum autem habeat dominus quod solutum est, liberatio contingit: rati enim habitio mandato comparatur.

577. l. 14, 8 Dig. de solut. et liberat. 46, 3.

Ulpianus libro trigensimo ad Sabinum Pupillum sine tutoris auctoritate nec solvere posse palam est: sed si dederit nummos, non fient accipientis vindicarique poterunt. plane si fuerint consumpti, liberabitur.

578. l. 15 Dig. de solut. et liberat. 46, 3.

Paulus libro sexto ad Sabinum Pupillo solvi sine tutoris auctoritate non potest: sed nec delegare potest, quia nec alienare ullam rem potest. si tamen solverit ei debitor et nummi salvi sint, petentem pupillum doli mali exceptione debitor summovebit.

579. l. 38, 4 Dig. de usuris 22, 1.

Paulus libro sexto ad Plautium In Fabiana quoque actione et Pauliana, per quam quae in fraudem creditorum alienata sunt revocantur, fructus quoque restituuntur: nam praetor id agit, ut perinde sint omnia, atque si nihil alienatum esset: quod non est iniquum (nam et verbum 'restituas', quod in hac re praetor dixit, plenam habet significationem), ut fructus quoque restituantur.

580. § 6 Inst. de act. 4, 6.

Item si quis in fraudem creditorum rem suam alicui tradiderit, bonis eius a creditoribus ex sententia praesidis possessis permittitur ipsis creditoribus rescissa traditione eam rem petere, id est dicere eam rem traditam non esse et ob id in bonis debitoris mansisse.

581. pr. Inst. quib. mod. obl. toll. 3, 29.

Tollitur autem omnis obligatio solutione eius quod debetur, vel si quis consentiente creditore aliud pro alio solverit. nec tamen interest, quis solvat, utrum ipse qui debet an alius pro eo: liberatur enim et alio solvente, sive sciente debitore sive ignorante vel invito solutio fiat. item si reus solverit, etiam ii qui pro eo intervenerunt liberantur. idem ex contrario contingit, si fideiussor solverit: non enim solus ipse liberatur, sed etiam reus.

582. l. 1 pr. 1 Dig. de novat. et delegat. 46, 2.

Ulpianus libro quadragensimo sexto ad Sabinum Novatio est prioris debiti in aliam obligationem vel civilem vel

naturalem transfusio atque translatio, hoc est cum ex praecedenti causa ita nova constituatur, ut prior perematur. novatio enim a novo nomen accepit et a nova obligatione.
1 Illud non interest, qualis processit obligatio, utrum naturalis an civilis an honoraria, et utrum verbis an re an consensu: qualiscumque igitur obligatio sit, quae praecessit, novari verbis potest, dummodo sequens obligatio aut civiliter teneat aut naturaliter: ut puta si pupillus sine tutoris auctoritate promiserit.

583. l. 2 Dig. de novat. et delegat. 46, 2.

Ulpianus libro quadragensimo octavo ad Sabinum Omnes res transire in novationem possunt: quodcumque enim sive verbis contractum est sive non verbis, novari potest et transire in verborum obligationem ex quacumque obligatione, dummodo sciamus novationem ita demum fieri, si hoc agatur, ut novetur obligatio: ceterum si non hoc agatur, duae erunt obligationes.

584. l. 8, 5 Dig. de novat. et delegat. 46, 2.

Ulpianus libro quadragensimo sexto ad Sabinum Si ab alio promissam sibi dotem maritus ab uxore dotis nomine stipulatus sit, non duplari dotem, sed fieri novationem placet, si hoc actum est: quid enim interest, ipsa an alius quilibet promittat? quod enim ego debeo si alius promittat, liberare me potest, si novationis causa hoc fiat: si autem non novandi animo hoc intervenit, uterque quidem tenetur, sed altero solvente alter liberatur. non tamen si quis stipuletur quod mihi debetur, aufert mihi actionem, nisi ex voluntate mea stipuletur: liberat autem me is, qui quod debeo promittit, etiamsi nolim.

585. c. 8 Cod. de novat. et delegat. 8, 41.

Imp. Iustinianus A. ad senatum (a. 530) Novationum nocentia corrigentes volumina et veteris iuris ambiguitates resecantes sancimus, si quis vel aliam personam adhibuerit vel mutaverit vel pignus acceperit vel quantitatem augendam vel minuendam esse crediderit vel condicionem seu tempus addiderit vel detraxerit vel cautionem iuniorem acceperit vel aliquid fecerit, ex quo veteris iuris conditores introducebant novationes, nihil

penitus priori cautelae innovari, sed anteriora stare et posteriora incrementum illis accedere, nisi ipsi specialiter remiserint quidem priorem obligationem et hoc expresserint, quod secundam
1 magis pro anterioribus elegerint. Et generaliter definimus voluntate solum esse, non lege novandum, etsi non verbis exprimatur, ut sine novatione, quod solito vocabulo ἀνοβατεύτως dicunt, causa procedat: hoc enim naturalibus inesse rebus volumus et non verbis extrinsecus supervenire.

586. Gai Institutiones III 177.

Sed si eadem persona sit, a qua postea stipuler, ita demum novatio fit, si quid in posteriore stipulatione novi sit, forte si condicio aut dies aut sponsor adiciatur aut detrahatur.

587. c. 19 Cod. de usuris 4, 32.

Impp. Diocletianus et Maximianus AA. et CC. Aureliae Irenaeae Acceptam mutuo sortem cum usuris licitis creditori post testationem offer ac, si non suscipiat, consignatam in publico depone, ut cursus usurarum legitimarum inhibeatur.
1 In hoc autem casu publicum intellegi oportet vel sacratissimas aedes vel ubi competens iudex super ea re aditus deponi eas
2 disposuerit. Quo subsecuto etiam periculo debitor liberabitur et ius pignorum tollitur, cum Serviana etiam actio manifeste declarat pignoris inhiberi persecutionem vel solutis pecuniis
3 vel si per creditorem steterit, quominus solvatur. Quod etiam
4 in traiecticiis servari oportet. Creditori scilicet actione utili ad exactionem earum non adversus debitorem, nisi forte eas receperit, sed vel contra depositarium vel ipsas competente pecunias.

588. l. 1 Dig. de compensat. 16, 2.

Modestinus libro sexto pandectarum Compensatio est debiti et crediti inter se contributio.

589. Gai Institutiones IV 63.

Liberum est tamen iudici nullam omnino invicem conpensationis rationem habere: nec enim aperte formulae verbis praecipitur; sed quia id bonae fidei iudicio conveniens videtur, ideo officio eius contineri creditur.

590. § 30 Inst. de act. 4, 6.

In bonae fidei autem iudiciis libera potestas permitti videtur iudici ex bono et aequo aestimandi, quantum actori restitui debeat. in quo et illud continetur, ut, si quid invicem actorem praestare oporteat, eo compensato in reliquum is cum quo actum est condemnari debeat. sed et in strictis iudiciis ex rescripto divi Marci opposita doli mali exceptione compensatio inducebatur. sed nostra constitutio eas compensationes, quae iure aperto nituntur, latius introduxit, ut actiones ipso iure minuant sive in rem sive personales sive alias quascumque, excepta sola depositi actione, cui aliquid compensationis nomine opponi satis impium esse credidimus, ne sub praetextu compensationis depositarum rerum quis exactione defraudetur.

591. l. 14 Dig. de compensat. 16, 2.

Iavolenus libro quinto decimo ex Cassio Quaecumque per exceptionem peremi possunt, in compensationem non veniunt.

592. c. 9 Cod. de compensat. 4, 31.

Imp. Gordianus A. Liciniae Euctemonidi Eius, quod non ei debetur qui convenitur, sed alii, compensatio fieri non potest.

593. l. 18, 1 Dig. de compensat. 16, 2.

Papinianus libro tertio responsorum Creditor compensare non cogitur quod alii quam debitori suo debet, quamvis creditor eius pro eo, qui convenitur ob debitum proprium, velit compensare.

594. l. 5 Dig. de compensat. 16, 2.

Gaius libro nono ad edictum provinciale Si quid a fideiussore petetur, aequissimum est eligere fideiussorem, quod ipsi an quod reo debetur, compensare malit: sed et si utrumque velit compensare, audiendus est.

595. c. 1 Cod. de compensat. 4, 31.

Imp. Antoninus A. Dianensi Et senatus censuit et saepe rescriptum est compensationi in causa fiscali ita demum locum esse, si eadem statio quid debeat quae petit. hoc iuris propter confusionem diversorum officiorum tenaciter servandum est. si quid autem tibi ex ea statione cuius mentionem fecisti deberi constiterit, quam primum recipies.

596. l. 20 Dig. de compensat. 16, 2.

Papinianus libro tertio decimo responsorum Ob negotium copiarum expeditionis tempore mandatum curatorem condemnatum pecuniam iure compensationis retinere non placuit, quoniam ea non compensantur.

597. c. 7 Cod. de compensat. 4, 31.

Imp. Alexander A. Flavio Ausonio Si ex venditione pretium venditori debetur, compensationis ratio opponitur. adversus fiscum enim solum emptores petitioni pretii compensationem obicere prohibentur.

598. l. 46, 5 Dig. de iure fisci. 49, 14.

Hermogenianus libro sexto iuris epitomarum Ut debitoribus fisci quod fiscus debet compensetur, saepe constitutum est: excepta causa tributoria et stipendiorum, item pretio rei a fisco emptae et quod ex causa annonaria debetur.

599. l. 8 Dig. de dol. m. exc. 44, 4.

Paulus libro sexto ad Plautium Dolo facit, qui petit quod redditurus est. Sic, si heres damnatus sit non petere a debitore, potest uti exceptione doli mali debitor et agere ex testamento.

600. l. 3 Dig. de compensat. 16, 2.

Pomponius libro vicensimo quinto ad Sabinum Ideo compensatio necessaria est, quia interest nostra potius non solvere quam solutum repetere.

601. l. 10, 1 Dig. de compensat. 16, 2.

Ulpianus libro sexagensimo tertio ad edictum Si quis igitur compensare potens solverit, condicere poterit quasi indebito soluto.

602. Gai Institutiones III 173. 174.

Est etiam alia species imaginariae solutionis per aes et libram; quod et ipsum genus certis in causis receptum est, veluti si quid eo nomine debeatur quod per aes et libram gestum sit, sive quid ex iudicati causa deb⟨eatur. eaque res ita ag⟩itur: adhibentur non minus quam quinque testes et libripens; deinde is qui liberatur, ita oportet loquatur: quod ego tibi tot milibus condemnatus sum, me eo nomine a te solvo liberoque hoc aere aeneaque libra: hanc tibi libram primam postremamque expendo ⟨secundum⟩ legem publicam. deinde asse percutit libram eumque dat ei, a quo liberatur, veluti solvendi causa.

603. l. 8, 3 Dig. de acceptilat. 46, 4.

Ulpianus libro quadragensimo octavo ad Sabinum Acceptum fieri non potest, nisi quod verbis colligatum est: acceptilatio enim verborum obligationem tollit, quia et ipsa verbis fit: neque enim potest verbis tolli, quod non verbis contractum est.

604. Gai Institutiones III 169.

Item per acceptilationem tollitur obligatio: acceptilatio autem est veluti imaginaria solutio: quod enim ex verborum obligatione tibi debeam, id si velis mihi remittere, poterit sic fieri, ut patiaris haec verba me dicere quod ego tibi promisi, habesne acceptum? et tu respondeas habeo.

605. l. 7 Dig. de acceptilat. 46, 4.

Ulpianus libro quinquagensimo ad Sabinum Sane et sic acceptilatio fieri potest: 'accepta facis decem?' ille respondit 'facio'.

606. l. 19, 1 Dig. de acceptilat. 46, 4.

Ulpianus libro secundo regularum Inter acceptilationem et apocham hoc interest, quod acceptilatione omni modo liberatio contingit, licet pecunia soluta non sit, apocha non alias, quam si pecunia soluta sit.

607. l. 18, 1 Dig. de acceptilat. 46, 4.

Florentinus libro octavo institutionum Eius rei stipulatio, quam acceptilatio sequatur, a Gallo Aquilio talis exposita est: 'Quidquid te mihi ex quacumque causa dare facere oportet 'oportebit praesens in diemve, quarumque rerum mihi tecum 'actio quaeque adversus te petitio vel adversus te persecutio 'est eritve, quodve tu meum habes tenes possides: quanti 'quaeque earum rerum res erit, tantam pecuniam dari stipu'latus est Aulus Agerius, spopondit Numerius Negidius'. 'quod

'Numerius Negidius Aulo Agerio promisit spopondit, id habe'retne a se acceptum, Numerius Negidius Aulum Agerium 'rogavit, Aulus Agerius Numerio Negidio acceptum fecit'.

608. l. 95, 4 Dig. de solut. 46, 3.

Papinianus libro vicensimo octavo quaestionum Naturalis obligatio ut pecuniae numeratione, ita iusto pacto vel iureiurando ipso iure tollitur, quod vinculum aequitatis, quo solo sustinebatur, conventionis aequitate dissolvitur: ideoque fideiussor, quem pupillus dedit, ex istis causis liberari dicitur.

609. l. 7, 8 Dig. de pactis 2, 14.

Ulpianus libro quarto ad edictum Pactorum quaedam in rem sunt, quaedam in personam. in rem sunt, quotiens generaliter paciscor ne petam: in personam, quotiens ne a persona petam, id est ne a Lucio Titio petam. utrum autem in rem an in personam pactum factum est, non minus ex verbis quam ex mente convenientium aestimandum est: plerumque enim, ut Pedius ait, persona pacto inseritur, non ut personale pactum fiat, sed ut demonstretur, cum quo pactum factum est.

610. § 4 Inst. quib. mod. obl. toll. 3, 29.

Hoc amplius eae obligationes, quae consensu contrahuntur, contraria voluntate dissolvuntur. nam si Titius et Seius inter se consenserunt, ut fundum Tusculanum emptum Seius haberet centum aureorum, deinde re nondum secuta, id est neque pretio soluto neque fundo tradito, placuerit inter eos, ut discederetur ab emptione et venditione, invicem liberantur. idem est et in conductione et locatione et omnibus contractibus, qui ex consensu descendunt, sicut iam dictum est.

611. l. 7, 17 Dig. de pactis 2, 14.

Ulpianus libro quarto ad edictum Si ante aditam hereditatem paciscatur quis cum creditoribus ut minus solvatur, pactum valiturum est.

612. l. 54, 1 Dig. de manumiss. testam. 40, 4.

Scaevola libro quarto responsorum Scripti testamento heredes ante aditam hereditatem pacti sunt cum creditoribus, ut parte dimidia contenti essent, et ita decreto a praetore interposito hereditatem adierunt: quaero, an libertates in eo testamento datae competierunt. respondit, si testator fraudandi consilium non habuisset, competere libertates.

613. l. 75 Dig. de solut. 46, 3.

Modestinus libro octavo regularum Sicut acceptilatio in eum diem praecedentes peremit actiones, ita et confusio: nam si debitor heres creditori exstiterit, confusio hereditatis peremit petitionis actionem.

614. l. 21, 1 Dig. de liberat. legat. 34, 3.

Terentius Clemens libro duodecimo ad legem Iuliam et Papiam Unde Iuliano placuit et si debitori heres exstiterit creditor posteaque ipse creditor decesserit, legatum extingui: et hoc verum est, quia confusione perinde exstinguitur obligatio ac solutione.

615. l. 19 Dig. de obl. et act. 44, 7.

Iulianus libro septuagensimo tertio digestorum Ex promissione dotis: non videtur lucrativa causa esse, sed quodammodo creditor aut emptor intellegitur, qui dotem petit. porro cum creditor vel emptor ex lucrativa causa rem habere coeperit, nihilo minus integras actiones retinent, sicut ex contrario qui non ex causa lucrativa rem habere coepit, eandem non prohibetur ex lucrativa causa petere.

616. l. 83, 6 Dig. de verb. obl. 45, 1.

Paulus libro septuagensimo secundo ad edictum Si rem, quam ex causa lucrativa stipulatus sum, nactus fuero ex causa lucrativa, evanescit stipulatio. sed si heres exstitero domino, extinguitur stipulatio. si vero a me herede defunctus eam legavit, potest agi ex stipulatu: idemque esse et si sub condicione legata sit, quia et, si ipse debitor rem sub condicione legatam dedisset, non liberaretur: sed si con dicione deficiente remanserit, petitio infirmabitur.

617. l. 17 Dig. de obl. et act. 44, 7.

Iulianus libro trigensimo tertio digestorum Omnes debitores, qui speciem ex causa lucrativa debent, liberantur, cum ea species ex causa lucrativa ad creditores pervenisset.

618. § 6 Inst. de leg. 2, 20.

Si res aliena legata fuerit et eius vivo testatore legatarius dominus factus fuerit, si quidem ex causa emptionis, ex testamento actione pretium consequi potest: si vero ex causa lucrativa, veluti ex donatione vel ex alia simili causa, agere non potest. nam traditum est duas lucrativas causas in eundem hominem et in eandem rem concurrere non posse. hac ratione si ex duobus testamentis eadem res eidem debeatur, interest, utrum rem an aestimationem ex testamento consecutus est: nam si rem, agere non potest, quia habet eam ex causa lucrativa, si aestimationem, agere potest.

IV. Familienrecht.

619. l. 1 Dig. de ritu nupt. 23, 2.

Modestinus libro primo regularum Nuptiae sunt coniunctio maris et feminae et consortium omnis vitae, divini et humani iuris communicatio.

620. l. 1 Dig. de sponsal. 23, 1.

Florentinus libro tertio institutionum Sponsalia sunt mentio et repromissio nuptiarum futurarum.

621. l. 12 Dig. de sponsal. 23, 1.

Ulpianus libro singulari de sponsalibus Sed quae patris voluntati non repugnat, consentire intellegitur. Tunc autem solum dissentiendi a patre licentia filiae conceditur, si indignum moribus vel turpem sponsum ei pater eligat.

622. l. 14 Dig. de sponsal. 23, 1.

Modestinus libro quarto differentiarum In sponsalibus contrahendis aetas contrahentium definita non est ut in matrimoniis. quapropter et a primordio aetatis sponsalia effici possunt, si modo id fieri ab utraque persona intellegatur, id est, si non sint minores quam septem annis.

623. l. 2, 2 Dig. de divort. et repud. 24, 2.

Gaius libro undecimo ad edictum provinciale In sponsalibus quoque discutiendis placuit renuntiationem intervenire oportere: in qua re haec verba probata sunt: 'condicione tua non utor'.

624. l. 10 Dig. de sponsal. 23, 1.

Ulpianus libro tertio disputationum In potestate manente filia pater sponso nuntium remittere potest et sponsalia dissolvere. enimvero si emancipata est, non potest neque nuntium remittere neque quae dotis causa data sunt condicere: ipsa enim filia nubendo efficiet dotem esse condictionemque extinguet, quae causa non secuta nasci poterit. nisi forte quis proponat ita dotem patrem pro emancipata filia dedisse, ut, si nuptiis non consentiret, vel contractis vel non contractis repeteret quae dederat: tunc enim habebit repetitionem.

625. l. 2 Dig. de ritu nupt. 23, 2.

Paulus libro trigesimo quinto ad edictum Nuptiae consistere non possunt nisi consentiant omnes, id est qui coeunt quorumque in potestate sunt.

626. l. 15 Dig. de condicion. et demonstrat. 35, 1.

Ulpianus libro trigesimo quinto ad Sabinum Cui fuerit sub hac condicione legatum 'si in familia nupsisset', videtur impleta condicio statim atque ducta est uxor, quamvis nondum in cubiculum mariti venerit. nuptias enim non concubitus, sed consensus facit.

627. l. 1 Dig. de divort. et repud. 24, 2.

Paulus libro trigesimo quinto ad edictum Dirimitur matrimonium divortio morte captivitate vel alia contingente servitute utrius eorum.

628. l. 51 Dig. de donation. int. vir. et ux. 24, 1.

Pomponius libro quinto ad Quintum Mucium Quintus Mucius ait, cum in controversiam venit, unde ad mulierem quid pervenerit, et verius et honestius est quod non demonstratur unde habeat existimari a viro aut qui in potestate eius esset ad eam pervenisse. evitandi autem turpis quaestus gratia circa uxorem hoc videtur Quintus Mucius probasse.

629. c. 6 Cod. de donat. int. vir. et ux. 5, 16.

Imp. Alexander A. Nepotiano (a. 229) Etiamsi uxoris tuae nomine res quae tui iuris fuerunt depositae sunt, causa proprietatis ea ratione mutari non potuit, etsi donasse te uxori res tuas ex hoc quis intellegat, cum donatio in matrimonio facta prius mortua ea quae liberalitatem excepit irrita sit. Nec est ignotum, quod, cum probari non possit, unde uxor matrimonii tempore honeste quaesierit, de mariti bonis eam habuisse veteres iuris auctores merito credidissent.

630. Ulpianus lib. sing. reg. 6, 9.

Retentiones ex dote fiunt aut propter liberos aut propter mores aut propter impensas aut propter res donatas aut propter res amotas.

631. l. 3 Dig. de iure dot. 23, 3.

Ulpianus libro sexagesimo tertio ad edictum Dotis appellatio non refertur ad ea matrimonia, quae consistere non possunt: neque enim dos sine matrimonio esse potest. ubicumque igitur matrimonii nomen non est, nec dos est.

632. l. 19 Dig. de ritu nupt. 23, 2.

Marcianus libro sexto decimo institutionum Capite trigesimo quinto legis Iuliae qui liberos quos habent in potestate iniuria prohibuerint ducere uxores vel nubere, vel qui dotem dare non volunt ex constitutione divorum Severi et Antonini, per proconsules praesidesque provinciarum coguntur in matrimonium collocare et dotare. prohibere autem videtur et qui condicionem non quaerit.

633. c. 5 Cod. de iure dot. 5, 12.

Imp. Alexander A. Statiae (a. 226) Quotiens res aestimatae in dotem dantur, maritus dominium consecutus summae velut pretii debitor efficitur. si itaque non convenit, ut soluto matrimonio res restituerentur et iure aestimatae sunt, retinebit eas, si pecuniam tibi offerat.

634. l. 10 pr. Dig. de iure dot. 23, 3.

Ulpianus libro trigesimo quarto ad Sabinum Plerumque interest viri res non esse aestimatas idcirco, ne periculum rerum ad eum pertineat, maxime si animalia in dotem acceperit vel vestem, qua mulier utitur: eveniet enim, si aestimata sit et eam mulier adtrivit, ut nihilo minus maritus aestimationem eorum praestet. quotiens igitur non aestimatae res in dotem dantur, et meliores et deteriores mulieri fiunt.

635. l. 10, 4. 5 Dig. de iure dot. 23, 3.

Ulpianus libro trigesimo quarto ad Sabinum Si ante matrimonium aestimatae res dotales sunt, haec aestimatio quasi sub condicione est: namque hanc habet condicionem 'si matrimonium fuerit secutum'. secutis igitur nuptiis aestimatio rerum perficitur et fit vera venditio. Inde quaeri potest, si ante nuptias mancipia aestimata deperierint, an mulieris damnum sit, et hoc consequens est dicere: nam cum sit condicionalis venditio, pendente autem condicione mors contingens exstinguat venditionem, consequens est dicere mulieri perisse, quia nondum erat impleta venditio, quia aestimatio venditio est.

636. l. 21, 4 Dig. ad municip. 50, 1.

Paulus libro vicensimo quarto quaestionum Idem respondit constante matrimonio dotem in bonis mariti esse: sed et si ad munera municipalia a certo modo substantiae vocentur, dotem non debere computari.

637. l. 17 pr. Dig. de iure dot. 23, 3.

Paulus libro septimo ad Sabinum In rebus dotalibus virum praestare oportet tam dolum quam culpam, quia causa sua dotem accipit: sed etiam diligentiam praestabit, quam in suis rebus exhibet.

638. l. 16 Dig. de pact. dotal. 23, 4.

Paulus libro trigesimo quinto ad edictum Ut autem longiore die solvatur dos, convenire non potest, non magis quam ne omnino reddatur.

639. l. 1 Dig. de donation. int. vir. et ux. 24, 1.

Ulpianus libro trigesimo secundo ad Sabinum Moribus apud nos receptum est, ne inter virum et uxorem donationes valerent. hoc autem receptum est, ne mutuo amore invicem spoliarentur donationibus non temperantes, sed profusa erga se facilitate.

640. l. 5, 8 Dig. de donation. int. vir. et ux. 24, 1.

Ulpianus libro trigesimo secundo ad Sabinum Concessa donatio est sepulturae causa: nam sepulturae causa locum marito ab uxore vel contra posse donari constat et si quidem intulerit, faciet locum religiosum. hoc autem ex eo venit, quod definiri solet eam demum donationem impediri solere, quae et donantem pauperiorem et accipientem faciet locupletiorem: porro hic non videtur fieri locupletior in ea re quam religioni dicavit. nec movit quemquam, quod emeret, nisi a marito accepisset: nam etsi pauperior ea fieret, nisi maritus dedisset, non tamen idcirco fit locupletior, quod non expendit.

641. § 10 Inst. de adoptionibus 1, 11 = Gai. I, 104.

Feminae quoque adoptare non possunt, quia nec naturales liberos in potestate sua habent: sed ex indulgentia principis ad solatium liberorum amissorum adoptare possunt.

642. l. 21 Dig. de adoption. et emancipat. 1, 7.

Gaius libro singulari regularum Nam et feminae ex rescripto principis adrogari possunt.

643. Gai Institutiones I 102.

Item inpuberem apud populum adoptari aliquando prohibitum est, aliquando permissum est: ⟨nam⟩ nunc ex epistula optimi imperatoris Antonini quam scripsit pontificibus, si iusta causa adoptionis esse videbitur, cum quibusdam condicionibus permissum est. apud praetorem vero, et in provinciis apud proconsulem legatumve, cuiusque aetatis ⟨personas⟩ adoptare possumus.

644. l. 15 pr. Dig. de adoption. et emancipat. 1, 7.

Ulpianus libro vicensimo sexto ad Sabinum Si pater familias adoptatus sit, omnia quae eius fuerunt et adquiri possunt tacito iure ad eum transeunt qui adoptavit: hoc amplius liberi eius qui in potestate sunt eum sequuntur: sed et hi, qui postliminio redeunt, vel qui in utero fuerunt cum adrogaretur, simili modo in potestatem adrogatoris rediguntur.

645. § 4 Inst. de adoptionibus 1, 11.

Minorem natu non posse maiorem adoptare placet: adoptio enim naturam imitatur et pro monstro est, ut maior sit filius quam pater. debet itaque is, qui sibi per adrogationem vel adoptionem filium facit, plena pubertate, id est decem et octo annis praecedere.

646. c. 6 Cod. de testibus 4, 20.

Impp. Diocletianus et Maximianus AA. et CC. Tertullo (a. 294) Parentes et liberi invicem adversus se nec volentes ad testimonium admittendi sunt.

647. l. 9 Dig. de obseq. parent. 37, 15.

Ulpianus libro sexagensimo sexto ad edictum Liberto et filio semper honesta et sancta persona patris ac patroni videri debet.

648. l. 1, 2 Dig. de rei vind. 6, 1.

Ulpianus libro sexto decimo ad edictum Per hanc autem actionem liberae personae, quae sunt iuris nostri, ut puta liberi qui sunt in potestate, non petuntur: petuntur igitur aut praeiudiciis aut interdictis aut cognitione praetoria, et ita Pomponius libro trigensimo septimo: nisi forte, inquit, adiecta causa quis vindicet: si quis ita petit 'filium suum' vel 'in potestate ex iure Romano', videtur mihi et Pomponius consentire recte eum egisse: ait enim adiecta causa ex lege Quiritium vindicare posse.

649. Fragm. Vat. 260.

Papinianus libro XII responsorum Filius emancipatus, cui pater peculium non ademit, res quidem pro donato vel pro suo, quod iustam causam possidendi habet, usucapit, sed debitores convenire non potest neque lites peculiares prosequi, si non sit in rem suam cognitor datus aut nominum delegationes intervenerunt. plane quod ei solvitur patre non dissentiente, debitorem liberat, nec interest an emancipatum ignoret vel ei non esse peculium ademptum, cum rei substantia plus polleat existimatione falsa.

650. l. 2 Dig. de castr. peculio 49, 17.

Ulpianus libro sexagensimo septimo ad edictum Si filius familias miles decesserit, si quidem intestatus, bona eius non quasi hereditas, sed quasi peculium patri deferuntur: si autem testamento facto, hic pro hereditate habetur castrense peculium.

651. l. 11 Dig. de castr. peculio 49, 17.

Macer libro secundo de re militari Castrense peculium est, quod a parentibus vel cognatis in militia agenti donatum est vel quod ipse filius familias in militia adquisiit, quod, nisi militaret, adquisiturus non fuisset. nam quod erat et sine militia adquisiturus, id peculium eius castrense non est.

652. c. 1 Cod. de castr. pec. 12, 36.

Imp. Alexander A. Prisciano (a. 223) Si in potestate tua filius tuus fuit eo tempore, quo quaedam nomine eius emisti,
1 ea tua esse non dubitatur. Peculio autem castrensi cedunt res mobiles, quae eunti in militiam a patre vel a matre aliisve propinquis vel amicis donatae sunt, item quae in
2 castris per occasionem militiae quaeruntur. In quibus sunt etiam hereditates eorum, qui non alias noti esse potuerunt nisi per militiae occasionem, etiamsi res immobiles in his
3 erunt. Matris autem hereditas, quamvis in militia delata sit,
4 ad peculium castrense non pertinet. In castrensi vero peculio praedium donatum non esse constat, quamvis empta ex castrensi peculio praedia eius condicionis efficiantur.

653. l. 1, 3 Dig. de S. C. Maced. 14, 6.

Ulpianus libro vicensimo nono ad edictum In filio familias nihil dignitas facit, quo minus senatus consultum Macedonianum locum habeat: nam etiamsi consul sit vel cuiusvis dignitatis, senatus consulto locus est: nisi forte castrense peculium habeat: tunc enim senatus consultum cessabit

654. l. 2 Dig. de S. C. Maced. 14, 6.

Idem libro sexagensimo quarto ad edictum usque ad quantitatem castrensis peculii, cum filii familias in castrensi peculio vice patrum familiarum fungantur.

655. c. 6, 2 Cod. de bonis quae liberis in potest. 6, 61.

Imp. Iustinianus A. Demostheni pp. (a. 529) Non autem hypothecam filii familias adversus res patris viventis adhuc seu iam mortui sperare audeant nec ratiocinia eis super administratione inferre, sed tantummodo alienatione vel hypotheca suo nomine patribus denegata rerum, habeat parens plenissimam potestatem uti fruique his rebus, quae per filios familias secundum praedictum modum adquiruntur.

656. c. 8, 4d Cod. de bonis quae liberis in potest. 6, 61.

Imp. Iustinianus A. Iohanni pp. (a. 531) Hoc procul dubio observando, ut et mancipia ipse usufructuarius aleret et omnia circa usum fructum faceret, quae nullo modo proprietatem possint deteriorem facere, paterna reverentia eum excusante et a ratiociniis et a cautionibus et ab aliis omnibus, quae usufructuarii extranei a legibus exiguntur, secundum nostrae constitutionis tenorem, quam iam super huiusmodi casibus tulimus. Ipsum autem filium vel filios vel filias et deinceps alere patri necesse est non propter hereditates, sed propter ipsam naturam et leges, quae et parentibus alendos esse liberos imperaverunt et ipsis liberis parentes, si inopia ex utraque parte vertitur.

657. l. 1 pr. Dig. de tutelis 26, 1 = § 1 Inst. de tut. 1, 13.

Paulus libro trigesimo octavo ad edictum Tutela est, ut Servius definit, vis (ius *Inst.*) ac potestas in capite libero ad tuendum eum, qui propter aetatem sua sponte se defendere nequit, iure civili data ac permissa.

658. pr. Inst. de excus. 1, 25.

et tutelam et curam placuit publicum munus esse.

659. Ulpianus lib. sing. reg. 11, 14.

Testamento quoque nominatim tutores dati confirmantur eadem lege duodecim tabularum, his verbis: uti legassit super pecunia tutelave suae rei, ita ius esto: qui tutores dativi appellantur.

660. l. 73, 1 Dig. de reg. iur. 50, 17.

Quintus Mucius Scaevola libro singulari ὅρων Nemo potest tutorem dare cuiquam nisi ei, quem in suis heredibus cum moritur habuit habiturusve esset, si vixisset.

661. l. 3 Dig. de confirm. tut. 26, 3.

Iulianus libro vicesimo primo digestorum Qui a patre tutor scriptus est aut non iusto testamento aut non ut lege praecipiebatur, confirmandus est ad tutelam gerendam perinde ac si ex testamento tutor esset, id est ut satisdatio ei remittatur.

662. l. 2 pr. Dig. de confirm. tut. 26, 3.

Neratius libro tertio regularum Mulier liberis non recte testamento tutorem dat: sed si dederit, decreto praetoris vel proconsulis ex inquisitione confirmabitur nec satisdabit pupillo rem salvam fore.

663. l. 73 pr. Dig. de reg. iur. 50, 17.

Quintus Mucius Scaevola libro singulari ὅρων Quo tutela redit, eo et hereditas pervenit, nisi cum feminae heredes intercedunt.

664. l. 9 Dig. de legit. tut. 26, 4.

Gaius libro duodecimo ad edictum provinciale Si plures sunt adgnati, proximus tutelam nanciscitur et, si eodem gradu plures sint, omnes tutelam nanciscuntur.

665. Gai Institutiones I 185.

Si cui nullus omnino tutor sit, ei datur in urbe Roma ex lege Atilia a praetore urbano et maiore parte tribunorum plebis, qui Atilianus tutor vocatur; in provinciis vero a praesidibus provinciarum ex lege Iulia et Titia.

666. l. 6, 2 Dig. de tutelis 26, 1.

Ulpianus libro trigesimo octavo ad Sabinum Tutoris datio neque imperii est neque iurisdictionis, sed ei soli competit, cui nominatim hoc dedit vel lex vel senatus consultum vel princeps.

667. c. un. Cod. qui numero tutelarum 5, 69.

Impp. Severus et Antoninus AA. Pompeiano (a. 205) Si
tres tutelas vel curas eodem tempore non defunctorie sus-
ceptas administras, onere quartae tutelae vel curationis pupil-
1 lorum seu adulescentium non gravaberis. Finito autem
officio pubertate pupillorum vel aetate adulescentium aliae
substitui possunt, licet nondum ratio tutelae sive curae ad-
2 ministratae reddita sit. Sed imperfectae diversae species
vacationis, licet permixtae, ad excusationem non proficiunt.
scire igitur debes eum, qui duos filios habet et duas tulelas
administrat, excusationem non mereri.

668. § 16 Inst. de excusat. 1, 25.

Qui autem se vult excusare, si plures habeat excusationes et de quibusdam non probaverit, aliis uti intra tempora non prohibetur. qui excusare se volunt, non appellant: sed intra dies quinquaginta continuos, ex quo cognoverunt, excusare se debent (cuiuscumque generis sunt, id est qualitercumque dati fuerint tutores), si intra centesimum lapidem sunt ab eo loco, ubi tutores dati sunt: si vero ultra centesimum habitant, dinumeratione facta viginti millium diurnorum et amplius triginta dierum. quod tamen, ut Scaevola dicebat, sic debet computari, ne minus sint quam quinquaginta dies.

669. l. 27 Dig. de admin. et peric. tut. 26, 7.

Paulus libro septimo ad Plautium Tutor, qui tutelam gerit, quantum ad providentiam pupillarem domini loco haberi debet.

670. l. 22 Dig. de admin. et peric. tut. 26, 7.

Paulus libro tertio ad edictum Tutor ad utilitatem pupilli et novare et rem in iudicium deducere potest: donationes autem ab eo factae pupillo non nocent.

671. l. 30 Dig. de admin. et peric. tut. 26, 7.

Marcellus libro vicesimo primo digestorum Tutoris praecipuum est officium, ne indefensum pupillum relinquat.

672. l. 33 pr. Dig. de admin. et peric. tut. 26, 7.

Callistratus libro quarto de cognitionibus A tutoribus et curatoribus pupillorum eadem diligentia exigenda est circa administrationem rerum pupillarium, quam pater familias rebus suis ex bona fide praebere debet.

673. l. 1 pr. § 1. 2 Dig. de reb. eorum qui sub tutela 27, 9.

Ulpianus libro trigesimo quinto ad edictum Imperatoris Severi oratione prohibiti sunt tutores et curatores praedia
1 rustica vel suburbana distrahere. Quae oratio in senatu recitata est Tertullo et Clemente consulibus (*a. p. C.* 195)
2 idibus Iuniis et sunt verba eius huiusmodi: 'Praeterea, patres 'conscripti, interdicam tutoribus et curatoribus, ne praedia 'rustica vel suburbana distrahant, nisi ut id fieret, parentes 'testamento vel codicillis caverint. quod si forte aes alienum 'tantum erit, ut ex rebus ceteris non possit exsolvi, tunc 'praetor urbanus vir clarissimus adeatur, qui pro sua religione 'aestimet, quae possunt alienari obligarive debeant, manente 'pupillo actione, si postea potuerit probari obreptum esse 'praetori. si communis res erit et socius ad divisionem pro-

'vocet, aut si creditor, qui pignori agrum a parente pupilli 'acceperit, ius exsequetur, nihil novandum censeo'.

674. l. 9 pr. Dig. de auctor. et cons. tut. 26, 8.

Gaius libro duodecimo ad edictum provinciale Obligari ex omni contractu pupillus sine tutoris auctoritate non potest: adquirere autem sibi stipulando et per traditionem accipiendo etiam sine tutoris auctoritate potest: sed credendo obligare sibi non potest, quia sine tutoris auctoritate nihil alienare potest.

675. l. 8 Dig. de auctor. et cons. tut. 26, 8.

Ulpianus libro quadragesimo octavo ad Sabinum Etsi condicionalis contractus cum pupillo fiat, tutor debet pure auctor fieri: nam auctoritas non condicionaliter, sed pure interponenda est, ut condicionalis contractus confirmetur.

676. l. 3, 2 Dig. de admin. et peric. tut. 26, 7.

Ulpianus libro trigesimo quinto ad edictum Ceteri igitur tutores non administrabunt, sed erunt hi, quos vulgo honorarios appellamus. nec quisquam putet ad hos periculum nullum redundare: constat enim hos quoque, excussis prius facultatibus eius qui gesserit, conveniri oportere: dati sunt enim quasi observatores actus eius et custodes, imputabiturque eis quandoque, cur, si male eum conversari videbant, suspectum eum non fecerunt. adsidue igitur et rationem ab eo exigere eos oportet et sollicite curare, qualiter conversetur, et si pecunia sit, quae deponi possit, curare, ut deponatur ad praediorum comparationem: blandiuntur enim sibi, qui putant honorarios tutores omnino non teneri: tenentur enim secundum ea quae supra ostendimus.

677. l. 3, 9 Dig. de admin. et peric. tut. 26, 7.

Ulpianus libro trigesimo quinto ad edictum Item si dividi inter se tutelam velint tutores, audiendi sunt, ut distribuatur inter eos administratio

678. l. 4 Dig. de admin. et peric. tut. 26, 7.

Idem libro nono ad edictum vel in partes vel in regiones, et si ita fuerit divisa, unusquisque exceptione summovebitur pro ea parte vel regione, quam non administrat.

V. Erbrecht.

679. l. 62 Dig. de reg. iur. 50, 17.

Iulianus libro sexto digestorum Hereditas nihil aliud est, quam successio in universum ius quod defunctus habuerit.

680. l. 59 Dig. de reg. iur. 50, 17.

Ulpianus libro tertio disputationum Heredem eiusdem potestatis iurisque esse, cuius fuit defunctus, constat.

681. l. 151 Dig. de verb. signif. 50, 16.

Terentius Clemens libro quinto ad legem Iuliam et Papiam 'Delata' hereditas intellegitur, quam quis possit adeundo consequi.

682. Gai Institutiones II 99.

Ac prius de hereditatibus dispiciamus, quarum duplex condicio est: nam vel ex testamento vel ab intestato ad nos pertinent.

682a. l. 39 Dig. de adq. vel. om. hered. 29, 2.

Ulpianus libro quadragesimo sexta ad edictum Quamdiu potest ex testamento adiri hereditas, ab intestato non defertur.

683. § 5 Inst. de hered. instituend. 2, 14.

Hereditas plerumque dividitur in duodecim uncias, quae assis appellatione continentur. habent autem et hae partes propria nomina ab uncia usque ad assem, ut puta haec: sextans, quadrans, triens, quincunx, semis, septunx, bes, dodrans, dextans, deunx, as. non autem utique duodecim uncias esse oportet. nam tot unciae assem efficiunt, quot testator voluerit, et si unum tantum quis ex semisse verbi gratia heredem scripserit, totus as in semisse erit: neque enim idem ex parte testatus et ex parte intestatus decedere potest, nisi sit miles, cuius sola voluntas in testando spectatur. et e contrario potest quis in quantascumque voluerit plurimas uncias suam hereditatem dividere.

684. l. 7 Dig. de reg. iur. 50, 17.

Pomponius libro tertio ad Sabinum Ius nostrum non patitur eundem in paganis et testato et intestato decessisse: earumque rerum naturaliter inter se pugna est 'testatus' et 'intestatus'.

685. l. 6 Dig. de test. mil. 29, 1.

Ulpianus libro quinto ad Sabinum Si miles unum ex fundo heredem scripserit, creditur quantum ad residuum patrimonium intestatus decessisse: miles enim pro parte testatus potest decedere, pro parte intestatus.

686. l. 1, 15 Dig. si is qui testamento liber 47, 4.

Ulpianus libro trigensimo octavo ad edictum Scaevola ait possessionis furtum fieri: denique si nullus sit possessor, furtum negat fieri: idcirco autem hereditati furtum non fieri, quia possessionem hereditas non habet, quae facti est et animi. sed nec heredis est possessio, antequam possideat, quia hereditas in eum id tantum transfundit, quod est hereditatis, non autem fuit possessio hereditatis.

687. l. 6 Dig. expilatae hereditatis 47, 19.

Paulus libro primo ad Neratium Si rem hereditariam, ignorans in ea causa esse, subripuisti, furtum te facere respondit. *Paulus:* rei hereditariae furtum non fit sicut nec eius, quae sine domino est, et nihil mutat existimatio subripientis.

688. l. 28, 4 Dig. de stipul. serv. 45, 3.

Gaius libro tertio de verborum obligationibus Illud quaesitum est, an heredi futuro servus hereditarius stipulari possit. Proculus negavit, quia is eo tempore extraneus est. Cassius respondit posse, quia qui postea heres extiterit, videretur ex mortis tempore defuncto successisse: quae ratio illo argumento commendatur, quod heredis familia ex mortis tempore funesta facta intellegitur, licet post aliquod tempus heres extiterit: manifestum igitur est servi stipulationem ei adquiri.

689. l. 193 Dig. de reg. iur. 50, 17.

Celsus libro trigensimo octavo digestorum Omnia fere iura heredum perinde habentur, ac si continuo sub tempus mortis heredes exstitissent.

690. l. 54 Dig. de adq. vel omitt. hered. 29, 2.

Florentinus libro octavo institutionum Heres quandoque adeundo hereditatem iam tunc a morte successisse defuncto intellegitur.

691. l. 138 pr. Dig. de reg. iur. 50, 17.

Paulus libro vicesimo septimo ad edictum Omnis hereditas, quamvis postea adeatur, tamen cum tempore mortis continuatur.

692. l. 33, 2 Dig. de adq. rer. dom. 41, 1.

Ulpianus libro quarto disputationum Nam et condictio, quotiens servus hereditarius stipulatur vel per traditionem accipit, ex persona defuncti vires assumit, ut Iuliano placet: cuius et valuit sententia testantis personam spectandam esse opinantis.

693. l. 34 Dig. de adq. rer. dom. 41, 1.

Ulpianus libro quarto de censibus Hereditas enim non heredis personam, sed defuncti sustinet, ut multis argumentis iuris civilis comprobatum est.

694. l. 61 pr. Dig. de adq. rer. dom. 41, 1.

Hermogenianus libro sexto iuris epitomarum Hereditas in multis partibus iuris pro domino habetur adeoque hereditati quoque ut domino per servum hereditarium adquiritur. in his sane, in quibus factum personae operaeve substantia desideratur, nihil hereditati quaeri per servum potest. ac propterea quamvis servus hereditarius heres institui possit, tamen quia adire iubentis domini persona desideratur, heres exspectandus est.

695. § 2 Inst. de bon. poss. 3, 9.

Quos autem praetor solus vocat ad hereditatem, heredes quidem ipso iure non fiunt (nam praetor heredem facere non potest: per legem enim tantum vel similem iuris constitutionem heredes fiunt, veluti per senatus consultum et constitutiones principales): sed cum eis praetor dat bonorum possessionem, loco heredum constituuntur et vocantur bonorum possessores. adhuc autem et alios complures gradus praetor fecit in bonorum possessionibus dandis, dum id agebat, ne quis sine successore moriatur: nam angustissimis finibus constitutum per legem duodecim tabularum ius percipiendarum hereditatum praetor ex bono et aequo dilatavit.

696. l. 3, 2. 3 Dig. de bon. poss. 37, 1.

Ulpianus libro trigesimo nono ad edictum Bonorum igitur possessionem ita recte definiemus ius persequendi retinendique patrimonii sive rei, quae cuiusque cum moritur fuit. Invito autem nemini bonorum possessio adquiritur.

697. l. 1, 10 Dig. de success. ed. 38, 9.

Ulpianus libro quadragensimo nono ad edictum Quibus ex edicto bonorum possessio dari potest, si quis eorum aut dari sibi noluerit aut in diebus statutis non admiserit, tunc ceteris bonorum possessio perinde competit, ac si prior ex eo numero non fuerit.

698. Ulpianus lib. sing. reg. 20, 1.

Testamentum est mentis nostrae iusta contestatio, in id sollemniter factum, ut post mortem nostram valeat.

699. l. 1 Dig. qui testam. fac. poss. 28, 1.

Modestinus libro secundo pandectarum Testamentum est voluntatis nostrae iusta sententia de eo, quod quis post mortem suam fieri velit.

700. Ulpianus lib. sing. reg. 20, 12.

Impubes, licet sui iuris sit, facere testamentum non potest, quoniam nondum plenum iudicium animi habet.

701. Gai Institutiones II 114.

Igitur si quaeramus an valeat testamentum, inprimis advertere debemus, an is qui id fecerit habuerit testamenti factionem; deinde, si habuerit, requiremus an secundum iuris civilis regulam testatus sit, exceptis militibus, quibus propter nimiam inperitiam, ut diximus, quomodo velint vel quomodo possint, permittitur testamentum facere.

702. Ulpianus lib. sing. reg. 22, 1.

Heredes institui possunt, qui testamenti factionem cum testatore habent.

703. § 6 Inst. de testam. ordin. 2, 10.

Testes autem adhiberi possunt ii, cum quibus testamenti factio est. sed neque mulier neque impubes neque servus neque mutus neque surdus neque furiosus nec cui bonis interdictum est nec is, quem leges iubent improbum intestabilemque esse, possunt in numero testium adhiberi.

704. Gai Institutiones II 102—104.

Accessit deinde tertium genus testamenti, quod per aes et
libram agitur: qui enim neque calatis comitiis neque in
procinctu testamentum fecerat, is si subita morte urguebatur,
amico familiam suam, id est patrimonium suum, mancipio
dabat eumque rogabat, quid cuique post mortem suam dari
vellet. quod testamentum dicitur per aes et libram, scilicet
103 quia per mancipationem peragitur. Sed illa quidem duo genera
testamentorum in desuetudinem abierunt; hoc vero solum,
quod per aes et libram fit, in usu retentum est. sane nunc
aliter ordinatur quam olim solebat; namque olim familiae
emptor, id est, qui a testatore familiam accipiebat mancipio,
heredis locum optinebat, et ob id ei mandabat testator, quid
cuique post mortem suam dari vellet; nunc vero alius heres
testamento instituitur, a quo etiam legata relinquuntur, alius
dicis gratia propter veteris iuris imitationem familiae emptor
104 adhibetur. Eaque res ita agitur: qui facit testamentum, ad-
hibitis, sicut in ceteris mancipationibus, v testibus civibus
Romanis puberibus et libripende, postquam tabulas testamenti
scripserit, mancipat alicui dicis gratia familiam suam; in qua
re his verbis familiae emptor utitur: FAMILIAM PECVNIAM-
QVE TVAM ENDO MANDATELA TVA CVSTODELAQVE
MEA EX IVRE QVIRITIVM ESSE AIO, EAQVE, QVO
TV IVRE TESTAMENTVM FACERE POSSIS SECVNDVM
LEGEM PVBLICAM, HOC AERE, et, ut quidam adiciunt,
AENEAQVE LIBRA ESTO MIHI EMPTA; deinde aere per-
cutit libram idque aes dat testatori velut pretii loco; deinde
testator tabulas testamenti manu tenens ita dicit: HAEC
ITA VT IN HIS TABVLIS CERISQVE SCRIPTA SVNT,
ITA DO, ITA LEGO, ITA TESTOR, ITAQVE VOS, QVIRI-
TES, TESTIMONIVM MIHI PERHIBETOTE; et hoc dicitur
nuncupatio; nuncupare est enim palam nominare, et sane

quae testator specialiter in tabulis testamenti scripserit, ea videtur generali sermone nominare atque confirmare.

705. Cic. in Verrem II 1, 45 § 117.

Si de hereditate ambigetur et tabulae testamenti obsignatae non minus multis signis, quam e lege oportet, ad me proferentur, secundum tabulas testamenti potissimum possessionem dabo.

706. Ulpianus lib. sing. reg. 28, 6.

Etiam si iure civili non valeat testamentum, forte quod familiae mancipatio vel nuncupatio defuit, si signatum testamentum sit non minus quam septem testium civium Romanorum signis, bonorum possessio datur.

707. § 10. 11 Inst. de test. ordin. 2, 10.

Sed neque heres scriptus neque is qui in potestate eius est neque pater eius qui habet eum in potestate neque fratres qui in eiusdem patris potestate sunt testes adhiberi possunt, quia totum hoc negotium, quod agitur testamenti ordinandi gratia, creditur hodie inter heredem et testatorem agi. licet enim totum ius tale conturbatum fuerat et veteres, qui familiae emptorem et eos, qui per potestatem ei coadunati fuerant, testamentariis testimoniis repellebant, heredi et his, qui coniuncti ei per potestatem fuerant, concedebant testimonia in testamentis praestare, licet hi, qui id permittebant, hoc iure minime abuti debere eos suadebant: tamen nos eandem observationem corrigentes et, quod ab illis suasum est, in legis necessitatem transferentes ad imitationem pristini familiae emptoris merito nec heredi, qui imaginem vetustissimi familiae emptoris optinet, nec aliis personis, quae ei ut dictum est coniunctae sunt, licentiam concedimus sibi quodammodo testimonia praestare: ideoque nec eiusmodi veterem constitutionem
11 nostro codici inseri permisimus. Legatariis autem et fideicommissariis, quia non iuris successores sunt, et aliis personis eis coniunctis testimonium non denegamus, immo in quadam nostra constitutione et hoc specialiter concessimus, et multo magis his, qui in eorum potestate sunt, vel qui eos habent in potestate, huiusmodi licentiam damus.

708. l. 21, 2 Dig. qui testam. fac. poss. 28, 1.

Ulpianus libro secundo ad Sabinum In testamentis, in quibus testes rogati adesse debent, ut testamentum fiat, alterius rei causa forte rogatos ad testandum non esse idoneos placet. quod sic accipiendum est, ut, licet ad aliam rem sint rogati vel collecti, si tamen ante testimonium certiorentur ad testamentum se adhibitos, posse eos testimonium suum recte perhibere.

709. l. 27 Dig. qui testam. fac. poss. 28, 1.

Celsus libro quinto decimo digestorum Domitius Labeo Celso suo salutem. Quaero, an testium numero habendus sit is, qui, cum rogatus est ad testamentum scribendum, idem quoque cum tabulas scripsisset, signaverit. Iuventius Celsus Labeoni suo salutem. Non intellego quid sit, de quo me consulueris, aut valide stulta est consultatio tua: plus enim quam ridiculum est dubitare, an aliquis iure testis adhibitus sit, quoniam idem et tabulas testamenti scripserit.

710. l. 21, 3 Dig. qui testam. fac. poss. 28, 1.

Ulpianus libro secundo ad Sabinum Uno contextu actus testari oportet. est autem uno contextu nullum actum alienum testamento intermiscere: quod si aliquid pertinens ad testamentum faciat, testamentum non vitiatur.

711. l. 1 pr. Dig. de testam. mil. 29, 1.

Ulpianus libro quadragesimo quinto ad edictum Militibus liberam testamenti factionem primus quidem divus Iulius Caesar concessit: sed ea concessio temporalis erat. postea vero primus divus Titus dedit: post hoc Domitianus: postea divus Nerva plenissimam indulgentiam in milites contulit: eamque et Traianus secutus est et exinde mandatis inseri coepit caput tale. Caput ex mandatis: 'Cum in notitiam 'meam prolatum sit subinde testamenta a commilitonibus 'relicta proferri, quae possint in controversiam deduci, si ad 'diligentiam legum revocentur et observantiam: secutus animi 'mei integritudinem erga optimos fidelissimosque commilitones 'simplicitati eorum consulendum existimavi, ut quoquomodo 'testati fuissent, rata esset eorum voluntas. faciant igitur 'testamenta quo modo volent, faciant quo modo poterint 'sufficiatque ad bonorum suorum divisionem faciendam nuda 'voluntas testatoris'.

712. **Ulpianus lib. sing. reg. 23, 10.**

Milites quomodocumque fecerint testamenta, valent, id est etiam sine legitima observatione. nam principalibus constitutionibus permissum est illis, quomodocumque vellent, quomodocumque possent, testari. idque testamentum, quod miles contra iuris regulam fecit, ita demum valet, si vel in castris mortuus sit vel post missionem intra annum.

713. **c. 15, 1 Cod. de testam. mil. 6, 21.**

Imp. Constantinus A. ad populum (a. 334) Proinde sicut iuris rationibus licuit ac semper licebit, si quid in vagina aut in clipeo litteris sanguine suo rutilantibus adnotaverint, aut in pulvere inscripserint gladio sub ipso tempore, quo in proelio vitae sortem derelinquunt, huiusmodi voluntatem stabilem esse oportet.

714. **§ 2 Inst. de codicillis 2, 25.**

Codicillis autem hereditas neque dari neque adimi potest, ne confundatur ius testamentorum et codicillorum, et ideo nec exheredatio scribi. directo autem hereditas codicillis neque dari neque adimi potest: nam per fideicommissum hereditas codicillis iure relinquitur. nec condicionem heredi instituto codicillis adicere neque substituere directo potest.

715. **c. 8, 3 Cod. de codicillis 6, 36.**

Imp. Theodosius A. Asclepiodoto pp. (a. 424) In omni autem ultima voluntate excepto testamento quinque testes vel rogati vel qui fortuitu venerint in uno eodemque tempore debent adhiberi, sive in scriptis sive sine scriptis voluntas conficiatur. testibus videlicet, quando scriptura voluntas componitur, subnotationem suam accommodantibus.

716. **Gai Institutiones II 229.**

Ante heredis institutionem inutiliter legatur, scilicet quia testamenta vim ex institutione heredis accipiunt, et ob id velut caput et fundamentum intellegitur totius testamenti heredis institutio.

717. Gai Institutiones II 248.

Inprimis igitur sciendum est opus esse, ut aliquis heres recto iure instituatur eiusque fidei committatur, ut eam hereditatem alii restituat; alioquin inutile est testamentum, in quo nemo recto iure heres instituitur.

718. Ulpianus lib. sing. reg. 24, 15.

Ante heredis institutionem legari non potest, quoniam vis et potestas testamenti ab heredis institutione incipit.

719. Gai Institutiones II 117.

Sollemnis autem institutio haec est: Titius heres esto; sed et illa iam conprobata videtur: Titium heredem esse iubeo; at illa non est conprobata: Titium heredem esse volo; sed et illae a plerisque inprobatae sunt: Titium heredem instituo, item: heredem facio.

720. c. 15 pr. § 1 Cod. de testam. 6, 23.

Imp. Constantinus A. ad populum (a. 339) Quoniam indignum est ob inanem observationem irritas fieri tabulas et iudicia mortuorum, placuit ademptis his, quorum imaginarius usus est, institutioni heredis verborum non esse necessariam observantiam, utrum imperativis et directis verbis fiat an
1 inflexa. Nec enim interest, si dicatur 'heredem facio' vel 'instituo' vel 'volo' vel 'mando' vel 'cupio' vel 'esto' vel 'erit', sed quibuslibet confecta sententiis, quolibet loquendi genere formata institutio valeat, si modo per eam liquebit voluntatis intentio, nec necessaria sint momenta verborum, quae forte seminecis et balbutiens lingua profudit.

721. l. 78 Dig. de hered. instituend. 28, 5.

Papinianus libro septimo decimo quaestionum Asse toto non distributo ita scriptum est: 'quem heredem codicillis 'fecero, heres esto': Titium codicillis heredem instituit. eius quidem institutio valet ideo, quod, licet codicillis dari hereditas non possit, tamen haec ex testamento data videtur: sed hoc tantum ex hereditate habebit, quantum ex asse residuum mansit.

722. Ulpianus lib. sing. reg. 22, 7.

Servos heredes instituere possumus, nostros cum libertate, alienos sine libertate, communes cum libertate vel sine libertate.

723. pr. Inst. de hered. instituend. 2, 14.

Heredes instituere permissum est tam liberos homines quam servos tam proprios quam alienos. proprios autem olim quidem secundum plurium sententias non aliter quam cum libertate recte instituere licebat. hodie vero etiam sine libertate ex nostra constitutione (*c.* 5 *Cod.* 6, 27) heredes eos instituere permissum est. quod non per innovationem induximus, sed quoniam et aequius erat et Atilicino placuisse Paulus suis libris, quos tam ad Masurium Sabinum quam ad Plautium scripsit, refert. proprius autem servus etiam is intellegitur, in quo nudam proprietatem testator habet, alio usum fructum habente. est autem casus, in quo nec cum libertate utiliter servus a domina heres instituitur, ut constitutione divorum Severi et Antonini cavetur, cuius verba haec sunt: 'Servum 'adulterio maculatum non iure testamento manumissum ante 'sententiam ab ea muliere videri, quae rea fuerat eiusdem 'criminis postulata, rationis est: quare sequitur, ut in eundem 'a domina collata institutio nullius momenti habeatur.' alienus servus etiam is intellegitur, in quo usum fructum testator habet.

724. Ulpianus lib. sing. reg. 20, 7.

Mutus surdus furiosus pupillus femina neque familiae emptor esse neque testis libripensve fieri potest.

725. Ulpianus lib. sing. reg. 22, 4.

Incerta persona heres institui non potest, velut hoc modo: quisquis primus ad funus meum venerit, heres esto, quoniam certum consilium debet esse testantis.

726. l. 1, 4 Dig. de hered. instituend. 28, 5.

Ulpianus libro primo ad Sabinum Si ex fundo fuisset aliquis solus institutus, valet institutio detracta fundi mentione.

727. l. 11 Dig. de hered. instituend. 28, 5.

Iavolenus libro septimo epistularum 'Attius fundi Corneliani 'heres esto mihi: duo Titii illius insulae heredes sunto'. habebunt duo Titii semissem, Attius semissem idque Proculo placet: quid tibi videtur? respondit: vera est Proculi opinio.

728. § 9 Inst. de hered. instituend. 2, 14.

Heres et pure et sub condicione institui potest. ex certo tempore aut ad certum tempus non potest, veluti 'post 'quinquennium quam moriar' vel 'ex kalendis illis' aut 'usque 'ad kalendas illas heres esto': diemque adiectum pro supervacuo haberi placet et perinde esse, ac si pure heres institutus esset.

729. l. 7 pr. Dig. de condicion. et demonstrat. 35, 1.

Ulpianus libro octavo decimo ad Sabinum Mucianae cautionis utilitas consistit in condicionibus, quae in non faciendo sunt conceptae, ut puta 'si in Capitolium non ascenderit' 'si Stichum non manumiserit' et in similibus: et ita Aristoni et Neratio et Iuliano visum est: quae sententia et constitutione divi Pii comprobata est. nec solum in legatis placuit, verum in hereditatibus quoque idem remedium admissum est.

730. l. 36 Dig. de vulg. et pupill. subst. 28, 6.

Marcianus libro quarto institutionum Potest quis in testamento plures gradus heredum facere, puta: 'si ille heres non 'erit, ille heres esto', et deinceps plures, ut novissimo loco in subsidium vel servum necessarium heredem instituat. Et vel plures in unius locum possunt substitui vel unus in plurium vel singulis singuli vel invicem ipsi qui heredes instituti sunt.

731. Gai Institutiones II 179. 180.

Liberis nostris inpuberibus, quos in potestate habemus, non solum ita, ut supra diximus, substituere possumus, id est, ut si heredes non extiterint, alius nobis heres sit; sed eo amplius ut etiamsi heredes nobis extiterint et adhuc inpuberes mortui fuerint, sit iis aliquis heres, velut hoc modo: TITIVS FILIVS MEVS MIHI HERES ESTO. SI FILIVS MEVS MIHI HERES NON ERIT, SIVE HERES MIHI ERIT ET IS PRIVS MORIATVR QUAM IN SUAM TVTELAM

180 VENERIT, TVNC SEIVS HERES ESTO. Quo casu si quidem non extiterit heres filius, substitutus patri fit heres; si vero heres extiterit filius et ante pubertatem decesserit, ipsi filio fit heres substitutus. quamobrem duo quodammodo sunt testamenta, aliud patris, aliud filii, tamquam si ipse filius sibi heredem instituisset; aut certe unum est testamentum duarum hereditatum.

732. § 5 Inst. de pupill. subst. 2, 16.

Liberis autem suis testamentum facere nemo potest, nisi et sibi faciat: nam pupillare testamentum pars et sequela est paterni testamenti, adeo ut, si patris testamentum non valeat, ne filii quidem valebit.

733. l. 1 Dig. de iniusto rupt. testam. 28, 3.

Papinianus libro primo definitionum Testamentum aut non iure factum dictur, ubi sollemnia iuris defuerunt: aut nullius esse momenti, cum filius qui fuit in patris potestate praeteritus est: aut rumpitur alio testamento, ex quo heres existere poterit, vel adgnatione sui heredis: aut in irritum constituitur non adita hereditate.

734. Gai Institutiones II 145. 146.

Alio quoque modo testamenta iure facta infirmantur, velut cum is, qui fecerit testamentum, capite diminutus sit; quod
146 quibus modis accidat, primo commentario relatum est. Hoc autem casu inrita fieri testamenta dicemus, cum alioquin et quae rumpuntur, inrita fiant, et quae statim ab initio non iure fiunt, inrita sint; sed et ea, quae iure facta sunt et postea propter capitis diminutionem inrita fiunt, possunt nihilominus rupta dici: sed quia sane commodius erat singulas causas singulis appellationibus distingui, ideo quaedam non iure fieri dicuntur, quaedam iure facta rumpi vel inrita fieri.

735. l. 9 Dig. de testam. tutela 26, 2.

Pomponius libro tertio ad Quintum Mucium Si nemo hereditatem adierit, nihil valet ex his, quae testamento scripta sunt: si vero unus ex pluribus adierit, tutelae statim valent nec exspectandum erit, ut omnes hereditatem adeant.

736. l. 4 Dig. de adim. vel transfer. legat. 34, 4.

Ulpianus libro trigesimo tertio ad Sabinum Quod si iterum in amicitiam redierunt et paenituit testatorem prioris offensae, legatum vel fideicommissum relictum redintegratur: ambulatoria enim est voluntas defuncti usque ad vitae supremum exitum.

737. l. 22 pr. Dig. de leg. III 32.

Hermogenianus libro quarto iuris epitomarum Si quis in principio testamenti adscripserit: 'cui bis legavero, semel 'deberi volo', postea eodem testamento vel codicillis sciens saepe eidem legaverit, suprema voluntas potior habetur: nemo enim eam sibi potest legem dicere, ut a priore ei recedere non liceat. sed hoc ita locum habebit, si specialiter dixerit prioris voluntatis sibi paenituisse et voluisse, ut legatarius plura legata accipiat.

738. Gai Institutiones II 151.

Potest, ut iure facta testamenta contraria voluntate infirmentur: apparet autem non posse ex eo solo infirmari testamentum, quod postea testator id noluerit valere, usque adeo, ut si linum eius inciderit, nihilo minus iure civili valeat. quin etiam si deleverit quoque aut combusserit tabulas testamenti, non ideo minus desinent valere quae ibi fuerunt scripta, licet eorum probatio difficilis sit.

739. § 7 Inst. quib. mod. testam. infirm. 2, 17.

Ex eo autem solo non potest infirmari testamentum, quod postea testator id noluit valere: usque adeo ut et, si quis post factum prius testamentum posterius facere coeperit et aut mortalitate praeventus, aut quia eum eius rei paenituit, id non perfecisset, divi Pertinacis oratione cautum est, ne alias tabulae priores iure factae irritae fiant, nisi sequentes iure ordinatae et perfectae fuerint. nam imperfectum testamentum sine dubio nullum est.

740. l. 1, 3 Dig. de his quae in testam. delentur 28, 4.

Ulpianus libro quinto decimo ad Sabinum Sed consulto quidem deleta petentes exceptione repelluntur, inconsulto vero non repelluntur, sive legi possunt sive non possunt, quoniam, si totum testamentum non exstet, constat valere omnia quae in eo scripta sunt. et si quidem illud concidit testator, denegabuntur actiones, si vero alius invito testatore, non denegabuntur.

741. **pr. Inst. de hered. quae ab intest. 3, 1.**

Intestatus decedit, qui aut omnino testamentum non fecit aut non iure fecit aut id quod fecerat ruptum irritumve factum est aut nemo ex eo heres extitit.

742. **§ 7 Inst. de hered. quae ab intest. 3, 1.**

Cum autem quaeritur, an quis suus heres existere potest: eo tempore quaerendum est, quo certum est aliquem sine testamento decessisse: quod accidit et destituto testamento. hac ratione si filius exheredatus fuerit et extraneus heres institutus est, filio mortuo postea certum fuerit heredem institutum ex testamento non fieri heredem, aut quia noluit esse heres aut quia non potuit: nepos avo suus heres existet, quia quo tempore certum est intestatum decessisse patrem familias, solus invenitur nepos. et hoc certum est.

743. **l. 9, 2 Dig. de lib. et post. 28, 2.**

Paulus libro primo ad Sabinum Si filium exheredavero nepotemque ex eo praeteriero et alium heredem instituero et supervixerit filius post mortem meam, licet ante aditam hereditatem decesserit, non tamen nepotem rupturum testamentum Iulianus et Pomponius et Marcellus aiunt. diversumque est, si in hostium potestate filius sit et decesserit in eodem statu: rumpit enim his casibus nepos testamentum, quod moriente avo filii ius pependerit, non abscisum ut superiore casu fuerit. sed et si heres institutus omiserit hereditatem, erit legitimus heres, quoniam haec verba 'si intestato moritur' ad id tempus referuntur, quo testamentum destituitur, non quo moritur.

744. **§ 6 Inst. de legit. adgn. success. 3, 2.**

Proximus autem, si quidem nullo testamento facto quisque decesserit, per hoc tempus requiritur, quo mortuus est is cuius de hereditate quaeritur. quod si facto testamento quisquam decesserit, per hoc tempus requiritur, quo certum esse coeperit nullum ex testamento heredem extaturum: tum enim proprie quisque intellegitur intestatus decessisse. quod quidem aliquando longo tempore declaratur: in quo spatio temporis saepe accidit, ut proximiore mortuo proximus esse incipiat, qui moriente testatore non erat proximus.

745. XII tab. 5, 4. 5 *(Bruns Fontes*[6] *p. 23)*.

Si intestato moritur, cui suus heres nec escit, adgnatus proximus familiam habeto. Si adgnatus nec escit, gentiles familiam habento.

746. Paul. Sent. IV 8, 22.

Feminae ad hereditates legitimas ultra consanguineas successiones non admittuntur: idque iure civili Voconiana ratione videtur effectum. ceterum lex duodecim tabularum nulla discretione sexus cognatos admittit.

747. l. 1, 11 Dig. de success. ed. 38, 9.

Ulpianus libro quadragensimo nono ad edictum Sed videndum est, an inter ceteros ipse quoque qui exclusus est admittatur. ut puta filius est in potestate: delata est ei bonorum possessio ex prima parte, unde liberis defertur: exclusus est tempore aut repudiatione: ceteris defertur: sed ipse sibi succedat ex hac successoria parte? et magis est, ut succedat, ut unde legitimi possit petere et post hos suo ordine ex illa parte, unde proximi cognati vocantur. et hoc iure utimur, ut admittatur: poterit igitur ex sequenti parte succedere ipse sibi.

748. l. 1 pr. § 1 Dig. unde liberi 38, 6.

Ulpianus libro quadragensimo quarto ad edictum Posteaquam praetor locutus est de bonorum possessione eius qui testatus est, transitum fecit ad intestatos, eum ordinem secutus, quem et lex duodecim tabularum secuta est: fuit enim ordinarium ante de iudiciis testantium, dein sic de successione
1 ab intestato loqui. Sed successionem ab intestato in plures partes divisit: fecit enim gradus varios, primum liberorum, secundum legitimorum, tertium cognatorum, deinde viri et uxoris.

749. Ulpianus lib. sing. reg. 28, 4.

Emancipatis liberis ex edicto datur bonorum possessio, si parati sunt cavere fratribus suis, qui in potestate manserunt, bona quae moriente patre habuerunt se collaturos.

750. Collatio leg. Mosaic. et Roman. 16, 7, 2.

Ulpianus libro institutionum sub titulo de successionibus ab intestato Suis praetor solet emancipatos liberos itemque civitate donatos coniungere data bonorum possessione, ita tamen, ut bona si qua propria habent, his qui in potestate manserunt conferant. nam aequissimum putavit neque eos bonis paternis carere per hoc, quod non sunt in potestate, neque praecipua bona propria habere, cum partem sint ablaturi suis heredibus.

751. l. 1 pr. Dig. unde cognati 38, 8.

Ulpianus libro quadragensimo sexto ad edictum Haec bonorum possessio nudam habet praetoris indulgentiam neque ex iure civili originem habet: nam eos invitat ad bonorum possessionem, qui iure civili ad successionem admitti non possunt, id est cognatos.

752. § 2 Inst. de S. C. Tertull. 3, 3.

Postea autem senatus consulto Tertulliano, quod divi Hadriani temporibus factum est, plenissime de tristi successione matri, non etiam aviae deferenda cautum est: ut mater ingenua trium liberorum ius habens, libertina quattuor ad bona filiorum filiarumve admittatur intestatorum mortuorum, licet in potestate parentis est, ut scilicet, cum alieno iuri subiecta est, iussu eius adeat, cuius iuri subiecta est.

753. pr. Inst. de S. C. Orfit. 3, 4.

Per contrarium autem ut liberi ad bona matrum intestatarum admittantur, senatus consulto Orfitiano effectum est, quod latum est Orfito et Rufo consulibus, divi Marci temporibus. et data est tam filio quam filiae legitima hereditas, etiamsi alieno iuri subiecti sunt: et praeferuntur et consanguineis et adgnatis defunctae matris.

754. l. 120 Dig. de verb. signif. 50, 16.

Pomponius libro quinto ad Quintum Mucium Verbis legis duodecim tabularum his ‘uti legassit suae rei, ita ius esto’ latissima potestas tributa videtur et heredis instituendi et legata et libertates dandi, tutelas quoque constituendi. sed id interpretatione coangustatum est vel legum vel auctoritate iura constituentium.

755. Ulpianus lib. sing. reg. 22, 14.

Sui heredes instituendi sunt vel exheredandi. sui autem heredes sunt liberi, quos in potestate habemus, tam naturales quam adoptivi: item uxor, quae in manu est, et nurus, quae in manu est filii, quem in potestate habemus.

756. Ulpianus lib. sing. reg. 23, 3.

Agnascitur suus heres aut agnascendo aut adoptando aut in manum conveniendo aut in locum sui heredis succedendo, velut nepos mortuo filio vel emancipato, aut manumissione, id est si filius ex prima secundave mancipatione manumissus reversus sit in patris potestatem.

757. l. 5 Dig. de iniusto rupt. testam. 28, 3.

Ulpianus libro tertio ad Sabinum Nam et si sub condicione sit heres institutus quis, a quo postumus non est exheredatus, tamen pendente condicione rumpitur gradus, ut et Iulianus scripsit: sed et si sit ei substitutus quis, etiam deficiente condicione primi gradus non admittetur substitutus, a quo scilicet postumus exheredatus non est. puto igitur existente quidem condicione primi gradus postumo potius locum fore: post defectum autem condicionis natus postumus gradum non rumpit, quia nullus est. rumpendo autem testamentum sibi locum facere postumus solet, quamvis filius sequentem gradum, a quo exheredatus est, patiatur valere. sed si a primo gradu praeteritus, a secundo exheredatus sit, si eo tempore nascatur postumus, quo aliquis ex institutis vixit, totum testamentum ruptum est: nam tollendo primum gradum sibi locum faciet.

758. l. 2 pr. Dig. de bon. poss. sec. tab. 37, 11.

Ulpianus libro quadragensimo primo ad edictum Aequissimum ordinem praetor secutus est: voluit enim primo ad liberos bonorum possessionem contra tabulas pertinere, mox, si inde non sit occupata, iudicium defuncti sequendum. exspectandi igitur liberi erunt, quamdiu bonorum possessionem petere possunt: quod si tempus fuerit finitum aut ante decesserint vel repudiaverint vel ius petendae bonorum possessionis amiserint, tunc revertetur bonorum possessio ad scriptos.

759. l. 3, 11 Dig. de bon. poss. contra tab. 37, 4.

Ulpianus libro trigesimo nono ad edictum Si quis ex liberis heres scriptus sit, ad contra tabulas bonorum possessionem vocari non debet: cum enim possit secundum tabulas habere possessionem, quo bonum est ei contra tabulas dari? plane si alius committat edictum, et ipse ad contra tabulas bonorum possessionem admittetur.

760. l. 8, 14 Dig. de bon. poss. contra tab. 37, 4.

Ulpianus libro quadragesimo ad edictum Non est novum, ut emancipatus praeteritus plus iuris scriptis heredibus fratribus suis tribuat, quam habituri essent, si soli fuissent: quippe si filius qui in potestate patris est ex duodecima parte heres scribatur emancipato praeterito, dimidiam partem beneficio emancipati occupat, qui, si emancipatum fratrem non haberet, duodecimam partem habiturus esset. sed si ex parte minima sit heres institutus, non pro ea parte, qua institutus est, tuendus est commisso edicto, sed amplius per bonorum possessionem habere potest. praetori enim propositum est, cum contra tabulas bonorum possessionem dat, eas partes unicuique liberorum tribuere, quas intestato patre mortuo in hereditate habiturus esset, si in potestate mansisset: et ideo sive emancipatus sive is qui in potestatem mansit sive in adoptionem datus ex minima parte heres scriptus sit, non redigitur ad eam portionem, ex qua institutus est, sed virilem accipit.

761. l. 10, 5 Dig. de bon. poss. contra tab. 37, 4.

Ulpianus libro quadragesimo ad edictum Exheredati liberi quemadmodum edictum non committunt, ita nec commisso per alios edicto cum illis venient ad bonorum possessionem unaque eis querella superest, si de inofficioso dicant.

762. l. 1 pr. Dig. de legat. praest. 37, 5.

Ulpianus libro quadragesimo ad edictum Hic titulus aequitatem quandam habet naturalem et ad aliquid novam, ut, qui iudicia patris rescindunt per contra tabulas bonorum possessionem, ex iudicio eius quibusdam personis legata et fideicommissa praestarent, hoc est liberis et parentibus, uxori nuruique dotis nomine legatum.

763. **l. 2 Dig. de inoff. testam. 5, 2.**

Marcianus libro quarto institutionum Hoc colore inofficioso testamento agitur, quasi non sanae mentis fuerunt, ut testamentum ordinarent. et hoc dicitur non quasi vere furiosus vel demens testatus sit, sed recte quidem fecit testamentum, sed non ex officio pietatis: nam si vere furiosus esset vel demens, nullum est testamentum.

764. **l. 3 Dig. de inoff. testam. 5, 2.**

Marcellus libro tertio digestorum Inofficiosum testamentum dicere hoc est allegare, quare exheredari vel praeteriri non debuerit: quod plerumque accidit, cum falso parentes instimulati liberos suos vel exheredant vel praetereunt.

765. **l. 5 Dig. de inoff. testam. 5, 2.**

Marcellus libro tertio digestorum Nam et his, qui non ex masculis descendunt, facultas est agendi, cum et de matris testamento agant et optinere adsidue soleant. huius autem verbi de 'inofficioso' vis illa ut dixi est docere immerentem se et ideo indigne praeteritum vel etiam exheredatione summotum: resque illo colore defenditur apud iudicem, ut videatur ille quasi non sanae mentis fuisse, cum testamentum inique ordinaret.

766. **Gai Institutiones II 157.**

Sed sui quidem heredes ideo appellantur, quia domestici heredes sunt et vivo quoque parente quodammodo domini existimantur; unde etiam si quis intestatus mortuus sit, prima causa est in successione liberorum: necessarii vero ideo dicuntur, quia omni modo, sive velint sive nolint, tam ab intestato quam ex testamento heredes fiunt.

767. **l. 12 Dig. de condic. institution. 28, 7.**

Hermogenianus libro tertio iuris epitomarum Verba haec: 'Publius Maevius, si volet, heres esto', in necessario condicionem faciunt, ut, si nolit, heres non existat: nam in voluntaria heredis persona frustra adduntur, cum, etsi non fuerint addita, invitus non efficitur heres.

768. **l. 57 pr. Dig. de adq. vel omitt. hered. 29, 2.**

Gaius libro vicesimo tertio ad edictum provinciale Necessariis heredibus non solum impuberibus, sed etiam puberibus abstinendi se ab hereditate proconsul potestatem facit, ut, quamvis creditoribus hereditariis iure civili teneantur, tamen in eos actio non detur, si velint derelinquere hereditatem. sed impuberibus quidem, etiamsi se immiscuerint hereditati, praestat abstinendi facultatem, puberibus autem ita, si se non immiscuerint.

769. § 7 Inst. de hered. qualit. et different. 2, 19.

Item extraneus heres testamento institutus aut ab intestato ad legitimam hereditatem vocatus potest aut pro herede gerendo vel etiam nuda voluntate suscipiendae hereditatis heres fieri. pro herede autem gerere quis videtur, si rebus hereditariis tamquam heres utatur vel vendendo res hereditarias aut praedia colendo locandove et quoquo modo si voluntatem suam declaret vel re vel verbis de adeunda hereditate, dummodo sciat eum, in cuius bonis pro herede gerit, testato intestatove obiisse et se ei heredem esse. pro herede enim gerere est pro domino gerere: veteres enim heredes pro dominis appellabant. sicut autem nuda voluntate extraneus heres fit, ita et contraria destinatione statim ab hereditate repellitur. eum, qui mutus vel surdus natus est vel postea factus, nihil prohibet pro herede gerere et adquirere sibi hereditatem, si tamen intellegit quod agitur.

770. l. 20 pr. Dig. de adq. vel omitt. hered. 29, 2.

Ulpianus libro sexagesimo primo ad edictum Pro herede gerere videtur is, qui aliquid facit quasi heres. et generaliter Iulianus scribit eum demum pro herede gerere, qui aliquid quasi heres gerit: pro herede autem gerere non esse facti quam animi: nam hoc animo esse debet, ut velit esse heres. ceterum si quid pietatis causa fecit, si quid custodiae causa fecit, si quid quasi non heres egit, sed quasi alio iure dominus, apparet non videri pro herede gessisse.

771. Ulpianus lib. sing. reg. 22, 27. 28.

Cretio est certorum dierum spatium, quod datur instituto heredi ad deliberandum, utrum expediat ei adire hereditatem nec ne, velut 'Titius heres esto cernitoque in diebus centum proximis, quibus scieris poterisque: nisi ita creveris, exheres
28 esto'. Cernere est verba cretionis dicere ad hunc modum:

'quod me Mevius heredem instituit, eam hereditatem adeo cernoque'.

772. Ulpianus lib. sing. reg. 22, 31. 32.

Cretio aut vulgaris dicitur aut continua: vulgaris, in qua adiciuntur haec verba 'quibus scieris poterisque', continua, in
32 qua non adiciuntur. Ei, qui vulgarem cretionem habet, dies illi tantum computantur, quibus scivit se heredem institutum esse et potuit cernere. ei vero, qui continuam habet cretionem, etiam illi dies computantur, quibus ignoravit se heredem institutum, aut scivit quidem, sed non potuit cernere.

773. l. 1 Dig. de iure deliberandi 28, 8.

Ulpianus libro sexagesimo ad edictum Si servus fuerit heres institutus, utique non ipsi praestituimus tempus ad deliberandum, sed ei cuius servus est, quia pro nullo isti habentur apud praetorem. itemque si plurium servus sit, utique omnibus dominis praestituemus. Ait praetor: 'si tempus ad deliberan- 'dum petet, dabo'. Cum dicit tempus nec adicit diem, sine dubio ostendit esse in ius dicentis potestate, quem diem praestituat.

774. l. 23 Dig. de adq. vel omitt. hered. 29, 2.

Pomponius libro tertio ad Sabinum In repudianda hereditate vel legato certus esse debet de suo iure is qui repudiat.

775. l. 13, 1 Dig. de adq. vel omitt. hered. 29, 2.

Ulpianus libro septimo ad Sabinum Si quis dubitet, vivat testator nec ne, repudiando nihil agit.

776. l. 22 Dig. de adq. vel omitt. hered. 29, 2.

Paulus libro secundo ad Sabinum Si is, ad quem legitima hereditas pertinet, putaverit defunctum servum suum esse et quasi peculium eius nactus sit, placet non obligari eum hereditati. idem ergo dicemus, ut ait Pomponius, si quasi libertini sui, cum ingenuus esset, bona eius occupavit. nam ut quis pro herede gerendo obstringat se hereditati, scire debet, qua ex causa hereditas ad eum pertineat: veluti adgnatus proximus iusto testamento scriptus heres, antequam tabulae proferantur, cum existimaret intestato patrem familias mortuum, quamvis omnia pro domino fecerit, heres tamen non erit. et idem iuris erit, si non iusto testamento scriptus heres prolatis tabulis, cum putaret iustum esse, quamvis omnia pro domino administraverit, hereditatem tamen non adquiret.

777. l. 6 pr. § 1 Dig. de adq. vel omitt. hered. 29, 2.

Ulpianus libro sexto ad Sabinum Qui in aliena est potestate, non potest invitum hereditati obligare eum in cuius est potestate, ne aeri alieno pater obligaretur. Sed in bonorum possessione placuit ratam haberi posse eam, quam citra voluntatem adgnovit is qui potestati subiectus est.

778. l. 25, 4 Dig. de adq. vel omitt. hered. 29, 2.

Ulpianus libro octavo ad Sabinum Iussum eius qui in potestate habet non est simile tutoris auctoritati, quae interponitur perfecto negotio, sed praecedere debet, ut Gaius Cassius libro secundo iuris civilis scribit: et putat vel per internuntium fieri posse vel per epistulam.

779. l. 90 pr. Dig. de adq. vel omitt. hered. 29, 2.

Paulus libro duodecimo responsorum Respondit per curatorem hereditatem adquiri non posse.

780. c. 18, 2 Cod. de iure deliberandi 6, 30.

Impp. Theodosius et Valentinianus AA. ad senatum (a. 426) Parente vero non subsistente, si quidem post eius obitum tutor infanti sit vel datus fuerit, posse eum etiam adhuc infante pupillo constituto nomine eius adire hereditatem sive vivo parente sive post mortem eius ad eum devolutam vel bonorum possessionem petere et eo modo eidem infanti hereditatem quaerere.

781. l. 7, l. 2 Dig. de bon. poss. 37, 1.

Ulpianus libro primo ad Sabinum Impubes nec bonorum possessionem admittere nec iudicium sine tutoris auctoritate
2 accipere potest. Quia tutor pupillo et pater infanti filio bonorum possessionem petere possunt, dies, quibus tutor aut pater scit, cedere placet.

782. l. 5, 1 Dig. de adq. vel omitt. hered. 29, 2.

Ulpianus libro primo ad Sabinum Eum, cui lege bonis interdicitur, institutum posse adire hereditatem constat.

783. l. 1 Dig. de adq. vel omitt. hered. 29. 2.

Paulus libro secundo ad Sabinum Qui totam hereditatem adquirere potest, is pro parte eam scindendo adire non potest.

784. l. 10 Dig. de adq. vel omitt. hered. 29, 2.

Ulpianus libro septimo ad Sabinum Si ex asse heres destinaverit partem habere hereditatis, videtur in assem pro herede gessisse.

785. l. 2 Dig. de adq. vel omitt. hered. 29, 2.

Ulpianus libro quarto ad Sabinum sed et si quis ex pluribus partibus in eiusdem hereditate institutus sit, non potest quasdam partes repudiare, quasdam adgnoscere.

786. l. 4, 28 Dig. de exc. doli mali 44, 4.

Ulpianus libro septuagensimo sexto ad edictum Si, cum legitima hereditas Gaii Seii ad te perveniret et ego essem heres institutus, persuaseris mihi per dolum malum, ne adeam hereditatem, et posteaquam ego repudiavi hereditatem, tu eam Sempronio cesseris pretio accepto isque a me petat hereditatem: exceptionem doli mali eius, qui ei cessit, non potest pati.

787. c. un. § 5 Cod. de caducis toll. 6, 51.

Imp. Iustinianus A. senatui urbis Constantinopolitanae et urbis Romae (a. 534) In novissimo autem articulo, ubi proprie caduca fiebant, secundum quod praediximus, et clausis tabulis tam existere heredes quam posse adire, sive ex parte sint sive ex asse instituti, censemus et dies legatorum et fideicommissorum secundum quod praediximus a morte defuncti cedere: hereditatem etenim, nisi fuerit adita, transmitti nec veteres concedebant nec nos patimur, exceptis videlicet liberorum personis, de quibus Theodosiana lex super huiusmodi causis inducta loquitur: his nihilo minus, quae super his, qui deliberantes ab hac luce migrant, a nobis constituta sunt, in suo robore mansuris.

788. l. 1, 1 Dig. ad S. C. Tertull. 38, 17.

Ulpianus libro duodecimo ad Sabinum Si ea sit mater, de cuius statu dubitatur, utrum mater familias sit an filia familias, ut puta quoniam pater eius ab hostibus captus sit: si certum esse coeperit matrem familias esse, liberi admittentur. unde tractari potest, an medio tempore, dum status pendet, succurri eis per praetorem debeat, ne, si medio tempore decesserint, nihil ad heredem transmittant: et magis est, ut subveniatur, ut in multis casibus placuit.

789. l. 37 Dig. de adq. vel omitt. hered. 29, 2.

Pomponius libro quinto ad Sabinum Heres in omne ius mortui, non tantum singularum rerum dominium succedit, cum et ea, quae in nominibus sint, ad heredem transeant.

790. l. 54 Dig. de adq. vel omitt. hered. 29, 2.

Florentinus libro octavo institutionum Heres quandoque adeundo hereditatem iam tunc a morte successisse defuncto intellegitur.

791. l. 53, 1 Dig. de adq. vel omitt. hered. 29, 2.

Gaius libro quarto decimo ad legem Iuliam et Papiam Qui semel aliqua ex parte heres exstitit, deficientium partes etiam invitus excipit, id est tacite ei deficientium partes etiam invito adcrescunt.

792. l. 60, 3 Dig. de hered. instituend. 28, 5.

Celsus libro sexto decimo digestorum Cum quis ex institutis, qui non cum aliquo coniunctim institutus sit, heres non est, pars eius omnibus pro portionibus hereditariis adcrescit, neque refert, primo loco quis institutus an alicui substitutus heres sit.

793. l. 64 Dig. de hered. instituend. 28, 5.

Iavolenus libro primo ex Cassio Heredes sine partibus utrum coniunctim an separatim scribantur, hoc interest, quod, si quis ex coniunctis decessit, non ad omnes, sed ad reliquos qui coniuncti erant pertinet, sin autem ex separatis, ad omnes, qui testamento eodem scripti sunt heredes, portio eius pertinet.

794. l. 12 pr. Dig. de bon. poss. contra tab. 37, 4.

Gaius libro quarto decimo ad edictum provinciale Si duobus filiis et ex altero filio duobus nepotibus bonorum possessio competat et alter ex nepotibus non petat, pars eius fratri adcrescit. si vero ex filiis alter non petat, tam fratri quam nepotibus id prodest: namque tunc duo semisses fiunt, ex quibus alterum filius, alterum nepotes consequuntur.

795. Ulpianus lib. sing. reg. 17, 1—3.

1 Quod quis sibi testamento relictum, ita ut iure civili capere possit, aliqua ex causa non ceperit, caducum appellatur, veluti ceciderit ab eo: verbi gratia si caelibi vel Latino Iuniano legatum fuerit, nec intra dies centum vel caelebs legi paruerit vel Latinus ius Quiritium consecutus sit: aut si ex parte heres scriptus vel legatarius ante apertas tabulas decesserit vel
2 pereger factus sit. Hodie ex constitutione imperatoris Antonini omnia caduca fisco vindicantur, sed servato iure antique
3 liberis et parentibus. Caduca cum suo onere fiunt: ideoquo libertates et legata et fideicommissa ab eo data, ex cuius persona hereditas caduca facta est, salva sunt. scilicet et legata et fideicommissa cum suo onere fiunt caduca.

796. Ulpianus lib. sing. reg. 18.

Item liberis et parentibus testatoris usque ad tertium gradum lex Papia ius antiquum dedit, ut heredibus illis institutis, quod quis ex eo testamento non capit, ad hos pertineat aut totum aut ex parte, prout pertinere possit.

797. l. 3 pr. Dig. de his quae ut indignis 34, 9.

Marcianus libro quinto regularum Indignum esse divus Pius illum decrevit, ut et Marcellus libro duodecimo digestorum refert, qui manifestissime comprobatus est id egisse, ut per neglegentiam et culpam suam mulier, a qua heres institutus erat, moreretur.

798. l. 16, 2 Dig. de his quae ut indignis 34, 9.

Papinianus libro octavo responsorum Cum heredis nomen mutata voluntate pater familias incisis tabulis induxisset atque ideo fisco portionis emolumentum adiudicatum fuisset, eam rem legatariis non obesse, qui retinuerant voluntatem, divo Marco placuit, et ideo cum suo onere fiscum succedere.

799. l. 2 pr. Dig. de his quae ut indignis 34, 9.

Marcianus libro undecimo institutionum Aufertur hereditas ex asse et ad fiscum pertinet, si emancipatus filius contra tabulas bonorum possessionem patris ut praeteritus petierit et ex substitutione impuberis adierit hereditatem.

800. l. 9 Dig. de hered. petit. 5, 3.

Ulpianus libro quinto decimo ad edictum Regulariter definiendum est eum demum teneri petitione hereditatis, qui vel ius pro herede vel pro possessore possidet vel rem hereditariam

801. l. 10 Dig. de hered. petit. 5, 3.

Gaius libro sexto ad edictum provinciale licet minimam. Itaque qui ex asse vel ex parte heres est, intendit quidem hereditatem suam esse totam vel pro parte, sed hoc solum ei officio iudicis restituitur quod adversarius possidet, aut totum, si ex asse sit heres, aut pro parte ex qua heres est.

802. l. 11—13 pr. Dig. de hered. petit. 5, 3.

Ulpianus libro quinto decimo ad edictum Pro herede possidet, qui putat se heredem esse. sed an et is, qui scit se heredem non esse, pro herede possideat, quaeritur: et Arrianus libro secundo de interdictis putat teneri, quo iure nos uti Proculus scribit. sed enim et bonorum possessor pro herede videtur possidere. Pro possessore vero possidet praedo,

Idem libro sexagensimo septimo ad edictum qui interrogatus cur possideat, responsurus sit 'quia possideo' nec contendet se heredem vel per mendacium,

Idem libro quinto decimo ad edictum nec ullam causam possessionis possit dicere: et ideo fur et raptor petitione hereditatis tenentur.

803. l. 16, 1 Dig. de hered. petit. 5, 3.

Ulpianus libro quinto decimo ad edictum Sed et is qui pretia rerum hereditariarum possidet, item qui a debitore hereditario exegit, petitione hereditatis tenetur.

804. l. 28 Dig. de hered. petit. 5, 3.

Paulus libro vicensimo ad edictum Post senatus consultum enim omne lucrum auferendum esse tam bonae fidei possessori quam praedoni dicendum est.

805. l. 25, 18 Dig. de hered. petit. 5, 3.

Ulpianus libro quinto decimo ad edictum Petitio hereditatis, etsi in rem actio sit, habet tamen praestationes quasdam personales, ut puta eorum quae a debitoribus sunt exacta, item pretiorum.

806. l. 1 Dig. famil. ercisc. 10, 2.

Gaius libro septimo ad edictum provinciale Haec actio pro-
ficiscitur e lege duodecim tabularum: namque coheredibus
volentibus a communione discedere necessarium videbatur
aliquam actionem constitui, qua inter eos res hereditariae
1 distribuerentur. Quae quidem actio nihilo minus ei quoque
ipso iure competit, qui suam partem non possidet: sed si is
qui possidet neget eum sibi coheredem esse, potest eum ex-
cludere per hanc exceptionem 'si in ea re, qua de agitur,
'praeiudicium hereditati non fiat'. quod si possideat eam
partem, licet negetur esse coheres, non nocet talis exceptio:
quo fit, ut eo casu ipse iudex, apud quem hoc iudicium
agitur, cognoscat, an coheres sit: nisi enim coheres sit, neque
adiudicari quicquam ei oportet neque adversarius ei condem-
nandus est.

807. l. 22, 4 Dig. famil ercisc. 10, 2.

Ulpianus libro nono decimo ad edictum Familiae erciscundae iudicium ex duobus constat, id est rebus atque praestationibus, quae sunt personales actiones.

808. c. 6 Cod. famil. ercisc. 3, 36.

Imp. Gordianus A. Pompeio militi Ea quae in nominibus sunt non recipiunt divisionem, cum ipso iure in portiones hereditarias ex lege duodecim tabularum divisa sunt.

809. l. 3 Dig. famil. ercisc. 10, 2.

Gaius libro septimo ad edictum provinciale Plane ad officium iudicis nonnumquam pertinet, ut debita et credita singulis pro solido aliis alia adtribuat, quia saepe et solutio et exactio partium non minima incommoda habet. nec tamen scilicet haec adtributio illud efficit, ut quis solus totum debeat vel totum alicui soli debeatur, sed ut, sive agendum sit, partim suo partim procuratorio nomine agat, sive cum eo agatur, partim suo partim procuratorio nomine conveniatur. nam licet libera potestas esse maneat creditoribus cum singulis experiundi, tamen et his libera potestas est suo loco substituendi eos, in quos onera actionis officio iudicis translata sunt.

810. l. 116 pr. Dig. de legatis I 30.

Florentinus libro undecimo institutionum Legatum est delibatio hereditatis, qua testator ex eo, quod universum heredis foret, alicui quid collatum velit.

811. § 24 Inst. de legatis 2, 20.

Legari autem illis solis potest, cum quibus testamenti factio est.

812. Ulpianus lib. sing. reg. 24, 18.

Incertae personae legari non potest, veluti 'quicumque filio 'meo filiam suam in matrimonio collacaverit, ei heres meus tot 'milia dato'. sub certa tamen demonstratione incertae personae legari potest, velut 'ex cognatis meis, qui nunc sunt, qui 'primus ad funus meum venerit, ei heres meus illud dato'.

813. Ulpianus lib. sing. reg. 24, 17.

Poenae causa legari non potest. poenae autem causa legatur quod coercendi heredis causa relinquitur, ut faciat quid aut non faciat, non ut ad legatarium pertineat, ut puta hoc modo: 'si filiam tuam in matrimonio Titio collocaveris, decem milia 'Seio dato'.

814. Gai Institutiones II 270 a.

Item legatum codicillis relictum non aliter valet, quam si a testatore confirmati fuerint, id est nisi in testamento caverit testator, ut quidquid in codicillis scripserit, id ratum sit; fideicommissum vero etiam non confirmatis codicillis relinqui potest.

815. Ulpianus lib. sing. reg. 24, 20. 21.

A legatario legari non potest. Legatum ab eo tantum dari potest, qui heres institutus est: ideoque filio familiae herede instituto vel servo neque a patre neque a domino legari potest.

816. Ulpianus lib. sing. reg. 24, 11 a.

Si ea res, quae non fuit utroque tempore testatoris ex iure Quiritium, per vindicationem legata sit, licet iure civili non valeat legatum, tamen senatus consulto Neroniano firmatur, quo cautum est, ut quod minus aptis verbis legatum est, perinde sit, ac si optimo iure legatum esset: optimum autem ius legati per damnationem est.

817. Ulpianus lib. sing. reg. 24, 1.

Legatum est quod legis modo, id est imperative, testamento relinquitur. nam ea, quae precativo modo relinquuntur, fideicommissa vocantur.

818. Ulpianus lib. sing. reg. 25, 1.

Fideicommissum est, quod non civilibus verbis, sed precative relinquitur nec ex rigore iuris civilis proficiscitur, sed ex voluntate datur relinquentis.

819. § 1 Inst. de fideicomm. hered. 2, 23.

Sciendum itaque est omnia fideicommissa primis temporibus infirma esse, quia nemo invitus cogebatur praestare id de quo rogatus erat: quibus enim non poterant hereditates vel legata relinquere, si relinquebant, fidei committebant eorum, qui capere ex testamento poterant: et ideo fideicommissa appellata sunt, quia nullo vinculo iuris, sed tantum pudore eorum qui rogabantur continebantur. postea primus divus Augustus semel iterumque gratia personarum motus, vel quia per ipsius salutem rogatus quis diceretur, aut ob insignem quorundam perfidiam iussit consulibus auctoritatem suam interponere. quod quia iustum videbatur et populare erat, paulatim conversum est in adsiduam iurisdictionem: tantusque favor eorum factus est, ut paulatim etiam praetor proprius crearetur, qui fideicommissis ius diceret, quem fideicommissarium appellabant.

820. Ulpianus lib. sing. reg. 25, 12.

Fideicommissa non per formulam petuntur, ut legata, sed cognitio est Romae quidem consulum aut praetoris, qui fideicommissarius vocatur, in provinciis vero praesidum provinciarum.

821. l. 77 Dig. de legatis I 30.

Ulpianus libro quinto disputationum Si pecunia fuit deposita apud aliquem eiusque fidei commissum, ut eam pecuniam praestet, fideicommissum ex rescripto divi Pii debebitur, quasi videatur heres rogatus remittere id debitori: nam si conveniatur debitor ab herede, doli exceptione uti potest: quae res utile fideicommissum facit. quod cum ita se habet, ab omni debitore fideicommissum relinqui potest.

822. l. 1 Dig. de legatis I 30.

Ulpianus libro sexagesimo septimo ad edictum Per omnia exaequata sunt legata fideicommissis.

823. Gai Institutiones II 261.

Item potest non solum propria testatoris res per fideicommissum relinqui, sed etiam heredis aut legatarii aut cuiuslibet alterius: itaque et legatarius non solum de ea re rogari potest, ut eam alicui restituat, quae ei legata sit, sed etiam de alia, sive ipsius legatarii sive aliena sit. hoc solum observandum est, ne plus quisquam rogetur aliis restituere, quam ipse ex testamento ceperit; nam quod amplius est, inutiliter relinquitur.

824. pr. Inst. de leg. Falc. 2, 22.

Superest, ut de lege Falcidia dispiciamus, qua modus novissime legatis impositus est. cum enim olim lege duodecim tabularum libera erat legandi potestas, ut liceret vel totum patrimonium legatis erogare (quippe ea lege ita cautum esset: 'uti legassit suae rei, ita ius esto'): visum est hanc legandi licentiam coartare, idque ipsorum testatorum gratia provisum est ob id, quod plerumque intestati moriebantur, recusantibus scriptis heredibus pro nullo aut minimo lucro hereditates adire. et cum super hoc tam lex Furia quam lex Voconia latae sunt, quarum neutra sufficiens ad rei consummationem videbatur: novissime lata est lex Falcidia, qua cavetur, ne plus legare liceat, quam dodrantem totorum bonorum, id est ut, sive unus heres institutus esset sive plures, apud eum eosve pars quarta remaneret.

825. § 4 Inst. de legatis 2, 20.

Non solum autem testatoris vel heredis res, sed et aliena legari potest: ita ut heres cogatur redimere eam et praestare vel, si non potest redimere, aestimationem eius dare. sed si talis res sit, cuius non est commercium, nec aestimatio eius debetur, sicuti si campum Martium vel basilicas vel templa vel quae publico usui destinata sunt legaverit: nam nullius momenti legatum est. quod autem diximus alienam rem posse legari, ita intellegendum est, si defunctus sciebat alienam rem esse, non et si ignorabat: forsitan enim, si scisset alienam, non legasset. et ita divus Pius rescripsit. et verius est ipsum qui agit, id est legatarium, probare oportere scisse alienam rem legare defunctum, non heredem probare oportere ignorasse alienam, quia semper necessitas probandi incumbit illi qui agit.

826. § 22 Inst. de legatis 2, 20.

Si generaliter servus vel alia res legetur, electio legatarii est, nisi aliud testator dixerit.

827. l. 37 pr. Dig. de legatis I 30.

Ulpianus libro vicesimo primo ad Sabinum Legato generaliter relicto, veluti hominis, Gaius Cassius scribit id esse observandum, ne optimus vel pessimus accipiatur: quae sententia rescripto imperatoris nostri et divi Severi iuvatur, qui rescripserunt homine legato actorem non posse eligi.

828. l. 19 Dig. de opt. vel elect. legat. 33, 5.

Paulus libro tertio sententiarum 'Illud aut illud, utrum 'elegerit legatarius': nullo a legatario electo decedente eo post diem legati cedentem ad heredem transmitti placuit.

829. l. 4 Dig. de annuis legat. 33, 1.

Paulus libro sexagesimo secundo ad edictum Si in singulos annos alicui legatum sit, Sabinus, cuius sententia vera est, plura legata esse ait et primi anni purum, sequentium condicionale: videri enim hanc inesse condicionem 'si vivat' et ideo mortuo eo ad heredem legatum non transire.

830. l. 14 pr. Dig. de aliment. vel cibar. legat. 34, 1.

Ulpianus libro secundo fideicommissorum Mela ait, si puero vel puellae alimenta relinquantur, usque ad pubertatem deberi. sed hoc verum non est: tamdiu enim debebitur, donec testator voluit, aut, si non paret quid sentiat, per totum tempus vitae debebuntur.

831. § 21 Inst. de legatis 2, 20.

Tam autem corporales res quam incorporales legari possunt. et ideo et quod defuncto debetur, potest alicui legari, ut actiones suas heres legatario praestet, nisi exegerit vivus testator pecuniam: nam hoc casu legatum extinguitur. sed et tale legatum valet: 'damnas esto heres domum illius reficere' vel 'illum aere alieno liberare'.

832. § 14 Inst. de legatis 2, 20.

Ex contrario si debitor creditori suo quod debet legaverit, inutile est legatum, si nihil plus est in legato quam in debito, quia nihil amplius habet per legatum. quod si in diem vel sub condicione debitum ei pure legaverit, utile est legatum propter repraesentationem. quodsi vivo testatore dies venerit aut condicio extiterit, Papinianus scripsit utile esse nihilo minus legatum, quia semel constitit. quod et verum est: non enim placuit sententia existimantium extinctum esse legatum, quia in eam causam pervenit, a qua incipere non potest.

833. l. 11 pr. Dig. de liberat. legat. 34, 3.

Iulianus libro trigesimo sexto digestorum Si debitor fideiussorem suum ab herede suo liberari iusserit, an fideiussor liberari debeat? respondi debere. item quaesitum est, an, quia mandati actione heredes tenerentur, inutile legatum esset, quemadmodum inutile legatum est quod debitor creditori suo legat. respondi, quotiens debitor creditori suo legaret, ita inutile esse legatum, si nihil interesset creditoris ex testamento potius agere quam ex pristina obligatione. nam et si Titius mandaverit Maevio, ut pecuniam promitteret, deinde liberari eum iusserit a stipulatore, manifestum est, quantum intersit promissoris liberari potius quam praestare ex stipulatu, deinde mandati agere.

834. l. 5 pr. Dig. quando dies legat. vel fideicomm. cedat 36, 2.

Ulpianus libro vicesimo ad Sabinum Si post diem legati cedentem legatarius decesserit, ad heredem suum transfert legatum.

835. Ulpianus lib. sing. reg. 24, 31.

Legatorum, quae pure vel in diem certum relicta sunt, dies cedit antiquo quidem iure ex mortis testatoris tempore, per legem autem Papiam Poppaeam ex apertis tabulis testamenti, eorum vero, quae sub condicione relicta sunt, cum condicio extiterit.

836. l. 5, 2 Dig. quando dies legat. vel fideicomm. cedat 36, 2.

Ulpianus libro vicesimo ad Sabinum Sed si sub condicione sit legatum relictum, non prius dies legati cedit quam condicio fuerit impleta, ne quidem si ea sit condicio, quae in potestate sit legatarii.

837. l. 21 pr. Dig. quand. dies legat. vel. fideicomm. cedat 36, 2.

Paulus libro secundo ad Vitellium Si dies adposita legato non est, praesens debetur aut confestim ad eum pertinet cui datum est: adiecta quamvis longa sit, si certa est, veluti kalendis Ianuariis centesimis, dies quidem legati statim cedit, sed ante diem peti non potest: at si incerta, quasi 'cum 'pubes erit' 'cum in familiam nupserit' 'cum magistratum 'inierit' cum aliquid demum, quod scribenti comprehendere sit commodum, fecerit: nisi tempus condiciove optigit, neque res pertinere neque dies legati cedere potest.

838. l. 7 pr. Dig. quando dies legat. vel fideicomm. cedat 36, 2.

Ulpianus libro vicesimo ad Sabinum Heredis aditio moram legati quidem petitioni facit, cessioni diei non facit.

839. Ulpianus lib. sing. reg. 24, 22.

Heredi a semet ipso legari non potest.

840. l. 116, 1 Dig. de legatis I 30.

Florentinus libro undecimo institutionum Heredi a semet ipso legatum dari non potest, a coherede potest. itaque si fundus legatus sit ei qui ex parte dimidia heres institutus est et duobus extraneis, ad heredem cui legatus est sexta pars fundi pertinet, quia a se vindicare non potest, a coherede vero semissario duobus extraneis concurrentibus non amplius tertia parte: extranei autem et ab ipso herede cui legatum est semissem et ab alio herede trientem vindicabunt.

841. l. 34, 12 Dig. de legatis I 30.

Ulpianus libro vicesimo primo ad Sabinum Inde dicitur, si duo sint heredes, unus ex uncia, alter ex undecim unciis, et eis fundus legatus sit, unciarium heredem undecim partes in fundo habiturum, coheredem unciam.

842. l. 1 pr. Dig. de reg. Caton. 34, 7.

Celsus libro trigesimo quinto digestorum Catoniana regula sic definit, quod, si testamenti facti tempore decessisset testator, inutile foret, id legatum quandocumque decesserit, non valere. quae definitio in quibusdam falsa est.

843. Ulpianus lib. sing. reg. 24, 29.

Legatum, quod datum est, adimi potest vel eodem testamento vel codicillis testamento confirmatis, dum tamen eodem modo adimatur, quo modo datum est.

844. l. 6 pr. Dig. de adim. vel transfer. legat. 34, 4.

Paulus libro quinto ad legem Iuliam et Papiam Translatio legati fit quattuor modis: aut enim a persona in personam transfertur: aut ab eo qui dare iussus est transfertur, ut alius det: aut cum res pro re datur, ut pro fundo decem aurei: aut quod pure datum est, transfertur sub condicione.

847. Ulpianus lib. sing. reg. 24, 25.

Sicut singulae res legari possunt, ita universarum quoque summa legari potest, ut puta hoc modo: 'heres meus cum 'Titio hereditatem meam partitor, dividito'. quo casu dimidia pars bonorum legata videtur. potest autem et alia pars, velut tertia vel quarta, legari. quae species partitio appellatur.

848. Ulpianus lib. sing. reg. 25, 15.

Ex Pegasiano senatus consulto restituta hereditate commoda et incommoda hereditatis communicantur inter heredem et eum, cui reliquae partes restitutae sunt, interpositis stipulationibus ad exemplum partis et pro parte stipulationum. partis autem et pro parte stipulationes proprie dicuntur, quae de lucro et damno communicando solent interponi inter heredem et legatarium partiarium, id est cum quo partitus est heres.

847. l. 1, § 1. 2 Dig. ad S. C. Trebell. 36, 1.

Factum est enim senatus consultum temporibus Neronis octavo calendas Septembres Annaeo Seneca et Trebellio Maximo consulibus *(a. 56 p. Chr.?)* cuius verba haec sunt: 'Cum esset 'aequissimum in omnibus fideicommissariis hereditatibus, si 'qua de his bonis iudicia penderent, ex his eos subire, in quos 'ius fructusque transferretur, potius quam cuique periculosum 'esse fidem suam: placet, ut actiones, quae in heredem here-'dibusque dari solent, eas neque in eos neque his dari, qui 'fidei suae commissum sic, uti rogati essent, restituissent, sed 'his et in eos, quibus ex testamento fideicommissum restitutum 'fuisset, quo magis in reliquum confirmentur supremae de-'functorum voluntates'.

848. l. 31, 2 Dig. de mort causa donat. 39, 6.

Sine donatione autem capitur veluti pecunia, quam statuliber aut legatarius alicui condicionis implendae gratia numerat, sive extraneus sit qui accepit sive heres. eodem numero est pecunia, quam quis in hoc accipit, ut vel adeat hereditatem vel non adeat, quique in hoc accipit pecuniam, ut legatum omittat. sed et dos, quam quis in mortem mulieris a marito stipulatur, capitur sane mortis causa: cuius generis dotes recepticiae vocantur. rursus id, quod mortis causa donatur, aut in periculo mortis datur aut cogitatione mortalitatis, quod nos quandoque morituros intellegimus.

849. § 1 Inst. de donat. 2, 7.

Mortis causa donatio est, quae propter mortis fit suspicionem, cum quis ita donat, ut, si quid humanitus ei contigisset, haberet is qui accepit: sin autem supervixisset qui donavit, reciperet, vel si eum donationis poenituisset aut prior decesserit is cui donatum sit. hae mortis causa donationes ad exemplum legatorum redactae sunt per omnia. nam cum prudentibus ambiguum fuerat, utrum donationis an legati instar eam optinere oporteret, et utriusque causae quaedam habebat insignia et alii ad aliud genus eam retrahebant: a nobis constitutum est *(c. 4 Cod. 8, 56)*, ut per omnia fere legatis connumeretur et sic procedat, quemadmodum eam nostra formavit constitutio. et in summa mortis causa donatio est, cum magis se quis velit habere, quam eum cui donatur, magisque eum cui donat, quam heredem suum. sic et apud Homerum Telemachus donat Piraeo.

850. l. 2 Dig. de mort. causa donat. 39, 6.

Ulpianus libro trigensimo secundo ad Sabinum Iulianus libro septimo decimo digestorum tres esse species mortis causa donationum ait, unam, cum quis nullo praesentis periculi metu conterritus, sed sola cogitatione mortalitatis donat. aliam esse speciem mortis causa donationum ait, cum quis imminente periculo commotus ita donat, ut statim fiat accipientis. tertium genus esse donationis ait, si quis periculo motus non sic det, ut statim faciat accipientis, sed tunc demum, cum mors fuerit insecuta.

FSC
www.fsc.org
MIX
Papier | Fördert
gute Waldnutzung
FSC® C083411

Kolibri 360 GmbH
Ferdinand-Jühlke-Straße 7
99095 Erfurt, Deutschland
produktsicherheit@kolibri360.de